An Nordsee und Ostsee

Alongside the North Sea and the Baltic.
Les côtes de la Mer du Nord et da la Baltique.

Oben: *Hamburg,* Blick vom Fernsehturm auf Planten un Blomen, im Hintergrund die Außenalster.

Above: Hamburg, Planten un Blomen and Außenalster.

En 'haut: Planten un Blomen ete' Außenalster.

Rechts: *Hamburg, Köhlbrandbrücke.* Zu den verschiedenen Elbbrücken, die Hamburg auf Schiene und Straße mit dem westlichen Deutschland verbinden, ist seit 1974 die Köhlbrandbrücke hinzugekommen. Sie ist 520 m lang, ruht mit ihren Anfahrten auf 136 Pylonen und führt in 58,5 m Höhe über den Köhlbrand-Elbarm hinweg.

Right: Hamburg; *Köhlbrand Bridge* over the River Elbe, opened to traffic in 1974.

A droite: Hambourg; le pont sur l'Elbe *Köhlbrandbrücke* qui a été ouvert pour la circulation en 1974.

Oben: *Hamburg, der neue Elbtunnel,* Europas längster Unterwasser-tunnel mit einer Länge von 3325 m und 28,89 m unter der Elbe. Er ist in der Lage, 65 000 Fahrzeuge je Tag durchzuschleusen.

Above: Hamburg, new Elbe Tunnel, Europe's longest and most up to date underwater tunnel with a length of 3325 metres.

En 'haut: Hambourg, nouveau tunnel sous l'Elbe; longueur de 3.325 m. Il est les tunnel le plus long et le plus moderne d'Europe.

Rechts: Von Deichen umschlossen, zieht sich auf dem linken Ufer der Elbe bis nach Stade über 30 km lang das Alte Land hin. Zur Blüte-zeit ist das Alte Land ein beliebtes Ausflugsziel der Hamburger.

Right: Farmhouse in the *Alte Land* district, within picnicking distance of Hamburg.

A droite: Ferme dans la région *Altes Land,* lieu d'excursions cher aux Hambourgeois.

nks: *Stade an der Unterelbe.* Die
chwerkhäuser und Patrizierbauten
s der Renaissancezeit am Alten
afen von Stade sind Zeugen jener
it, als die Stadt vor einigen Jahr-
nderten noch unmittelbar an der
be lag und einen bedeutenden
afen besaß.

ft: Stade; ornate frontages and
tely Renaissance houses
ound the Old Harbour.

gauche: Stade; maison à pans
bois et maisons bourgeoises
style Renaissance au vieux
rt.

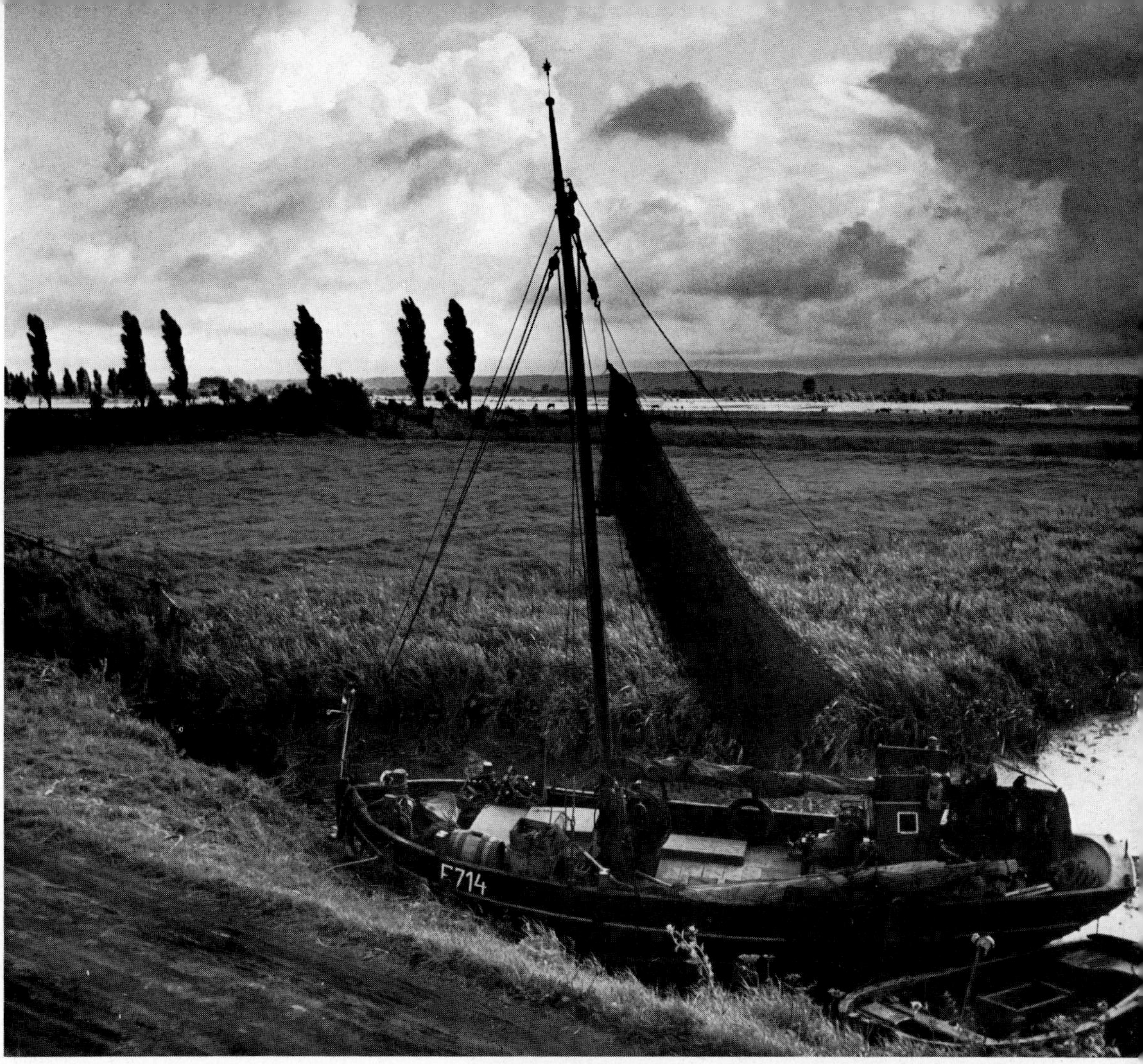

en: *Fischkutter bei Finkenwerder,* einem kleinen Fischerort an der
terelbe westlich von Hamburg.

ove: Fishing smack in Finkenwerder, a little fishing village
the lower Elbe west of Hamburg.

'haut: Cotre de pêche à Finkenwerder, un petit village de pê-
eurs au bord de l'Elbe Inférieure à l'Ouest de Hambourg.

chts: *Die Grander Mühle im Sachsenwald.* Ein beliebtes Ausflugsziel
r Hamburger ist der Sachsenwald, ein ausgedehntes Waldgebiet im
dosten der Hansestadt, das heute noch Privatbesitz der Familie
smarck ist. Die Grander Mühle im Sachsenwald aus dem 13. Jahr-
ndert ist seit langem nicht mehr in Betrieb, sondern dient heute als
rtenrestaurant.

ght: Grander Mill in the *Sachsenwald* district, a 13th Century
ll which ceased working half a century ago. It is now a well
tronised outdoor restaurant.

droite: Le Moulin «Grander Mühle» dans la région *Sachsenwald*
e du 13ème siècle. Il n'est plus en activité depuis près d'un
misiècle mais est aujourd'hui une auberge campagnarde très
quentée.

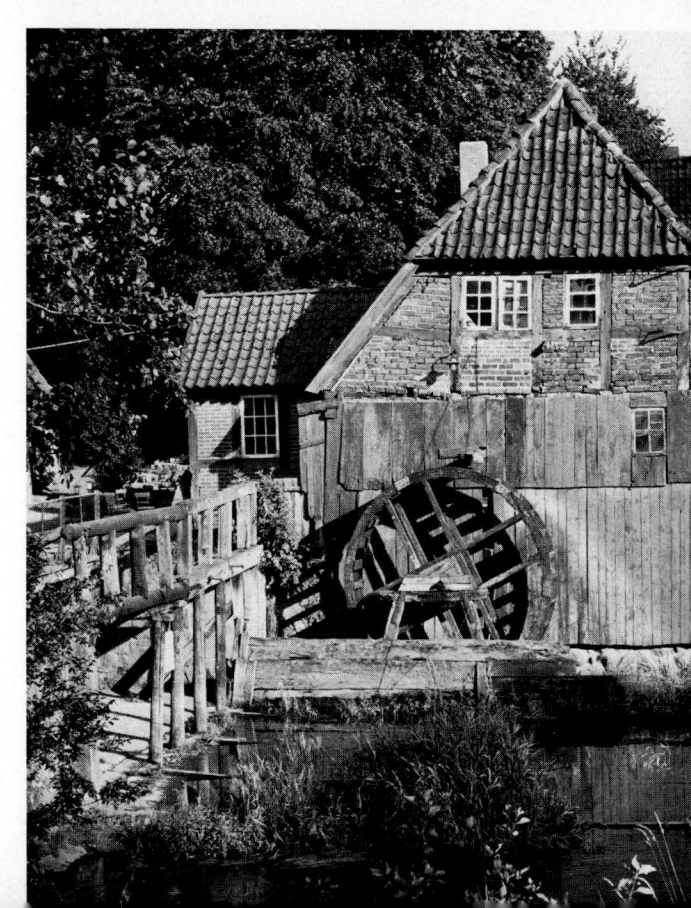

Oben: *Nord-Ostsee-Kanal,* die kürzeste Wasserstraße zwischen Nord- und Ostsee, wurde 1887-1895 geschaffen. Er verläuft von Brunsbüttel an der Elbmündung bis Holtenau in der Kieler Förde.

Above: The Kiel Canal, the shortest sailing route between the Nord Sea and the Baltic. It was constructed between 1887 and 1895.

En 'haut: Le «Nord-Ostsee-Kanal», voie navigable la plus courte reliante la Mer du Nord à la Mer Baltique, a été construit de 1887 à 1895.

Rechts: *Cuxhaven, der Alte Hafen.* Cuxhaven an der Elbmündung ist sowohl als Fischereihafen wie als Anlegestelle für Passagierschiffe mit großem Tiefgang von Bedeutung. Der Alte Hafen wird schon seit 1570 von den Nordseefischern als Liegeplatz benutzt.

Right: Cuxhaven at the mouth of the Elbe is important as both a fishing port and a terminal for passenger boats.

A droite: Cuxhaven à l'estuaire de l'Elbe est un port important tant pour les bateaux de pêche que pour les paquebots.

Die deutsche Nordseeküste, gesehen von der Küste der Insel Föhr.
Der Anteil der Bundesrepublik an der Nordseeküste, in der Luftlinie
etwa 400 km, gliedert sich in das ostfriesische und das nordfriesische
Gebiet; die Grenze zwischen beiden bildet die Elbmündung. Vor
beiden Küsten liegt eine Kette von Inseln, die zu vielbesuchten See-
bädern geworden sind. Die größten Inseln an der nordfriesischen
Küste sind Sylt mit seinen weltbekannten Bädern, sind Föhr, Amrum,
Pellworm und Nordstrand. Von ihren Küsten aus präsentiert sich die
Nordsee in ihrer ganzen Schönheit, oft still und weltverloren, oft aber
auch wild und zerstörerisch.

The North Sea coast of Germany seen from the North Frisian island
of *Föhr*.

Le littoral de la Mer du Nord vu de l'île de *Föhr*.

Landgewinnung an der Nordseeküste. Wo sich das Wattenmeer zwischen den nordfriesischen Inseln und der Westküste von Schleswig-Holstein ausdehnt, lag einstmals blühendes Bauernland. Viele Sturmfluten haben es verschlungen. Bei Ebbe kommt jedoch auf weiten Strecken der fruchtbare Boden zutage, und schon seit Hunderten von Jahren ist man bemüht, das verlorene Land wiederzugewinnen. Ein System von Gräben sorgt dabei für den Abfluß des Wassers. Ist die Anlandung fortgeschritten, so schützt man sie durch einen Deich vor neuen Überflutungen durch das Meer. Die eingedeichten Gebiete werden Köge genannt. Sie dienen anfangs als Schafweiden, bis sie genügend entsalzt sind und reiche Ernten tragen können, wovon stattliche Bauernhöfe Zeugnis ablegen.

Land reclamation on the North Sea Coast. This is the west coast of Schleswig-Holstein where efforts are being made to win back land from the sea that was formerly swallowed by storm tides by building a big defence and drainage system.

Conquête de terre sur la côte de la Mer du Nord. C'est surtout le long de la côte Ouest du Slesvig-Holstein que les hommes s'efforcent de reprendre à la mer, à l'aide d'installations importantes de drainage, les territoires qui ont été submergés jadis.

Oben: *Das Watt* an der schleswig-holsteinischen Küste ist ein bis zu 30 km breiter seichter Küstensaum, der bei Ebbe ganz oder teilweise trocken liegt und bei Flut vom Wattenmeer überspült wird.

Above: On the coast of Schleswig-Holstein the shoreline is hemmed by mud-flats up to 30 km wide, partly or fully exposed at low tide and washed over at high tide by a broad, shallow sea.

En 'haute: Le «Watt» le long de la côte du Slesvig-Holstein est une lagune d'une larguer d'environ 30 km, qui est presque ou en partie dégagée à marée basse et entièrement submergée à marée haute.

Rechts: *Die Hallig Langeness* ist eine der zahlreichen winzigen Inseln vor der nordfriesischen Küste, die im Laufe der letzten Jahrhunderte nach katastrophalen Meereseinbrüchen übriggeblieben ist.

Right: *Langeness* is a 'Hallig', or small island, one of the hundreds of tiny patches of dry land off the North Frisian coast which were left untouched by the catastrophic incursions of the sea during the last few centuries.

A droite: L'île de *Hallig Langeness* est une des innombrables petites îles près de la côte frisonne ayante échappée aux submersions catastrophiques de siècles dernieres.

Oben und links: *Die Insel Helgoland* ist ein 70 km von der Elbmündung und 45 km von der nordfriesischen Küste entfernt mitten in der Nordsee gelegenes Felseiland, dessen Bewohner fast ausschließlich vom Fremdenverkehr leben. Helgoland wird täglich von den weißen Schiffen der Urlauberflotten angelaufen.

Above and left: *Helgoland* is a rocky outcrop in the middle of the North Sea 70 km from the mouth of the Elbe and 45 km off the coast of North Friesland. Its inhabitants depend almost entirely on the proceeds from tourism. Excursion boats anchor on the mole.

En 'haut et à gauche: *Helgoland* est une île rocheuse située à 70 km environ de l'embouchure de l'Elbe et à 45 km de la côte frisonne en pleine mer du Nord. Ses habitants vivent surtout du Tourisme.
Des bâteaux d'estivants à l'ancre le long de la jetée.

Rechts: *Westerland auf der Insel Sylt, Strandpromenade.* Auf Sylt, der größten der nordfriesischen Inseln, hat sich Westerland mit seinem kilometerlangen schönen Sandstrand zu einem weltbekannten Seebad entwickelt.

Right: Westerland promenade on the island of Sylt.

A droite: La promenade le long de la plage à *Westerland* sur l'île de Sylt.

Unten: *In den Dünen auf Sylt.* Auf den nordfriesischen Inseln findet man noch ausgedehnte Dünengebiete.

Below: Among the dunes on the North Frisian island of Sylt.

En bas: Dans les dunes sur l'île de Frise orientale Sylt.

Oben: *Das Rote Kliff von Kampen auf Sylt.*
Bei Kampen fällt das Ufer bis zu 53 m steil ab und bildet hier das Rote Kliff.

Above: The Red Cliff at *Kampen* on Sylt.

En 'haut: La falaise rouge de *Kampen* sur l'île de Sylt.

Rechts: *Fischerhafen im Neuharlingersiel.* Die Marschen Ostfrieslands liegen noch nicht einmal 1 m über NN. Da bei Flut das Wasser in das Land hinter der Küste eindringen würde, versieht man die Mündungen der Küstenflüßchen mit einem „Siel", das sich von selbst schließt, wenn die Flut kommt. Hier haben sich im Laufe der Zeit Fischer-siedlungen entwickelt.

Right: Harbour belonging the small fishing settlement of *Neuharlingersiel* on the coast of East Friesland.

A droite: Port de pêche à *Neuharlingersiel* sur la côte de Frise orientale.

Oben: *Strandidyll auf einer ostfriesischen Insel.* Die ostfriesischen Inseln haben sich in anderthalb Jahrhunderten zu beliebten Seebädern entwickelt, deren ältestes (seit 1797) die Insel Norderney ist.

Above: East Frisian islands: a bather's paradise.

En 'haut: Les îles de Frise orientale, paradis des baigneurs.

Rechts: *Geeste-Elbe-Kanal bei Ringstedt.*
Die norddeutsche Tiefebene wird von zahlreichen großen und kleineren Kanälen durchzogen, die für die Schiffahrt von großer Bedeutung sind.

Right: Barges on the Geeste-Elbe Canal near *Ringstedt.*

A droite: Chalands sur le canal Geeste-Elbe près de *Ringstedt.*

Links: *Wind- und Wassermühle in Ostfriesland.*
Eine Besonderheit an der Nord- und Ostsee sind die Windmühlen. Unser Bild zeigt die Kombination einer Wind- und Wassermühle in Muddelvadde in Ostfriesland.

Left: A combined wind and water mill at *Muddelvadde* in East Friesland.

A gauche: Un moulin à la fois à vent et à l'eau à *Muddelvadde* en Frise orientale.

Oben: *An der Küste der Insel Wangerooge.*

Above: Along the shore of the island of *Wangerooge.*

En 'haut: Sur la côte de l'île de *Wangerooge.*

Rechts: *Bremen, Rathaus und Dom.* Als Hansestadt war Bremen bis ins 16. Jahrhundert hinein mächtiger als Hamburg. Zu den stolzesten Zeugnissen aus Bremens großer Zeit gehören das Rathaus mit seiner schönen Renaissancefassade und der zweitürmige Dom.

Right: Among the proudest monuments of Bremen's Hanseatic past are its Townhall, with its splendid Renaissance facade, and its twin-towered cathedral.

A droite: Un des vestiges les plus imposants du temps glorieux de la Hanse à Brême est l'Hôtel de Ville avec sa belle façade de style Renaissance et sa cathédrale flanquée par deux tours.

Oben und rechts: *Berühmte Wahrzeichen von Bremen.*
Der „Roland von Bremen", Symbol der hohen Gerichtsbarkeit und der Stadtfreiheit, und das aus dem Jahre 1956 stammende Bronzebildwerk „Die Bremer Stadtmusikanten" des Bildhauers und Grafikers Gerhard Marcks werden täglich von vielen Besuchern Bremens bewundert.

Above and right: Every day countless visitors to Bremen come to look at the 'Roland of Bremen', a figure symbolising the supreme jurisdiction and independence of the city, and the Grimm brothers' 'Musicians of Bremen', a sculpture in bronze by the artist Gerhard Marcks erected in 1956.

En 'haut et à droite: Le «Roland de Brême», symbole du droit de juridiction et de l'indépendance de la ville et la statue de bronze «Les musiciens de la ville de Brême» de 1956, œuvre du sculpteur et peintre Gerhard Marcks, attirent jour après jour l'admiration des visiteurs de Brême.

78

Oben: *Die Böttcherstraße in Bremen* ist durch weitgehende Neugestaltung einer alten Gasse in verschiedenen Stilformen von der Backstein-Renaissance bis zur modernen Architektur entstanden.

Above: The Böttcherstrasse in Bremen is a once dilapidated street that has been extensively rebuilt in a variety of styles, from Renaissance-brick to that of modern architecture.

En 'haut: La «Böttcherstraße» à Brême est une vieille rue de Brême dont les maisons ont été entièrement reconstruites dans les styles les plus divers: la maison en briques de style Renaissance et à côté l'immeuble moderne.

Rechts: *Schloß Glücksburg* wurde 1582-1587 auf den Grundmauern eines säkularisierten Zisterzienserklosters erbaut. Es gilt als eine der schönsten Wasserburgen Deutschlands.

Right: The castle of *Glücksburg* by the southern shore of the Flensburger Förde is regarded as one of the country's finest examples of a castle built on water.

A droite: Le château de *Glücksburg* près de la rive sud de la baie de Flensburg passe pour être un des plus beaux châteaux entourés d'eau d'Allemagne.

Lübeck ist die dritte der großen Hansestädte Norddeutschlands. Im Bombenhagel des zweiten Weltkrieges gingen viele der schönsten Bauten verloren, aber das imposante Holstentor. das Rathaus und die auf unserem Bild zu sehenden Kirchen St. Marien und St. Petri gehören auch heute zu den Sehenswürdigkeiten der Stadt.

Lübeck: Holsten Gate and the brick-Gothic churches of St. Mary and St. Peter.

Lübeck: la porte «Holstentor» et les églises gothiques en briques Sainte-Marie et Saint-Pierre.

Rechts und unten: *Kiel und sein Hafen* an der Süd-
spitze der Kieler Förde haben nach dem Kriege eine
völlige Wandlung erfahren. In der Vorkriegszeit
erhielten sie ihr Gepräge durch die Kriegsmarine,
und auf diesen Umstand ist es hauptsächlich zurückzuführen, daß die Stadt durch rund neunzig Luftangriffe im weitesten Maße zerstört wurde. In der
Nachkriegszeit hat sie sich mit Erfolg bemüht, ihre
Wirtschaft auf eine friedliche Industrie, auf
Handelsschiffahrt und auf die Fischerei umzustellen,
und ein großzügiger Wiederaufbau hat Kiel ein
neues Gesicht gegeben. Der Hafen (unten) ist mit
den großen Werften zu neuer Blüte gelangt. Am
Oslokai (rechts) legen die modernen Touristen-
schiffe an und ab, die als schnellste und ange-
nehmste Verbindung zu den skandinavischen
Ländern gelten dürfen.

Right and below: After being almost totally destroyed by wartime bombing, Kiel is now a thriv-
ing city again as a result of energetic rebuilding.
It is the principal trading port on the Kiel Canal
and is once again the headquarters of the German
Navy. The Oslo Quay is the terminal for the
modern ferries that ply across to Denmark, Nor-
way and Sweden.

A droite et en bas: Kiel, après avoir été preque
entièrement détruite par les bombardements,
Kiel a ressuscité de ses ruines. Elle est le port
de commerce le plus important du Canal de la
Mer du Nord à la Baltique et est redevenue le
port d'attache de la marine de guerre allemande.
Le quai d'Oslo est le port d'escale des paquebots
modernes se rendant au Danemark, en Norvège
et en Suède.

Rechts: *Die Schlei,* eine vielgewundene und oft sich verengende Förde an der deutschen Ostseeküste, reicht im Gegensatz zu der Kieler Förde, der Eckernförder Bucht und der Flensburger Förde tief in das Land hinein. Durch sandige Meeresaufschüttungen an der Mündungsbucht, die sogenannten „Hacken", wird die Schleimündung allmählich abgeriegelt, so daß die Schlei immer mehr den Charakter eines idyllischen Strandsees gewinnt.

Right: The *Schlei,* like the Kieler Förde, the Eckernförder Bucht and the Flensburger Förde, is another of the places where the sea cuts deep into Germany's Baltic coast. With the gradual piling up of sand by the sea it has increasinly taken on the character of a lagoon.

A droite: L'estuaire de la *Schlei* fait partie des découpures très profondes de la côte baltique comme le cordon littoral de Kiel, la baie d'Eckernford et le cordon littoral de Flensburg. Par des dépôts d'alluvions, la côte s'est transformée peu à peu en côte de dunes.

Oben: *Die Fehmarnsundbrücke* überspannt in kühnem Bogen den 1000 m breiten Sund zwischen der Halbinsel Wagrien und der Insel Fehmarn. Die Brücke wurde 1963 dem Verkehr übergeben. Sie ist ein wichtiger Teil der sogenannten Vogelfluglinie, einer Eisenbahn- und Autofährverbindung zwischen der Bundesrepublik Deutschland und Dänemark.

Above: The Fehmarnsund Bridge on the short ferry route between West Germany and the eastern part of Denmark.

En 'haut: Le pont «Fehmarnsundbrücke» constitue une partie de la route dite «du vol des oiseaux migrateurs» entre la République fédérale d'Allemagne et le Danemark.

Oben und unten: *Heiligenhafen,* einst ein kleiner Fischerort am Fehmarnsund, hat sich durch großzügige Planungen zu einem modernen Seebad gewandelt. Hier entstand an einem 6 km langen Sandstrand ein einzigartiger Ferienpark mit 1 500 Luxusappartements, 13 Spezialitätenrestaurants, einem Meer-Hallen-Wellenbad und vielen anderen Zerstreuungen.

Above and below: Holiday park in the seaside resort of *Heiligenhafen on the Fehmarnsund.*

En 'haut et en bas: La station balnéaire *Heiligenhafen am Fehmarnsund.*

Oben: *Rostock* an der Unter-Warnow, einst ein wichtiges Glied in der Kette der Hansestädte im Ostseeraum und seit 1491 Sitz einer berühmten Universität, ist nach dem Zweiten Weltkrieg zum bedeutendsten Seehafen der DDR geworden. Wie in Stralsund gegenüber der Insel Rügen (unten; Blick vom Turm der Marienkirche auf den Markt und den Hafen im Hintergrund) wächst der Schiffsverkehr von Jahr zu Jahr.

Rostock (above) and Stralsund (below) have developed into the most important ports in the German Democratic Republic.

En 'haut et en bas: Rostock et Stralsund sont devenus les ports les plus importants de la DDR (République Démocratique allemande).

Oben: *Auf Rügen*, mit 968 qkm Deutschlands größte Insel, gibt es schöne Sandstrände und herrliche Buchenwälder. Auf den Halbinseln Wittow und Jasmund stürzen Kreidefelsen jäh zum Meer ab. Am imposantesten sind die Klippen des Königsstuhls.

Above: *Königsstuhl* cliffs on the majestic eastern shore of the Baltic island of *Rügen*, the largest of the German islands.

En 'haut: Les falaises *Königsstuhl* sur l'île de *Rügen* dans la Baltique, une côte abrupte sur le littoral oriental de la plus grande île de l'Allemagne.

Rechts: *Lüneburg*, die alte Salz- und Hansestadt, zeigt ihre schönsten Bauwerke und Bürgerhäuser, darunter die Johanniskirche, Am Sande.

Right: Am Sande, a square in the old Hanseatic and saltmining town of *Lüneburg*, surrounded by some of the town's finest architecture merchants' houses and Johannis Church.

A droite: *Lüneburg* (Lunebourg), la vieille cité de la Hanse et du commerce du sel montre ses plus beaux édifices et maisons bourgeoises sur la place «Am Sande».

Zwischen Elbe und Niederrhein

Niedersächsische Bauernhäuser. Ein besonderes Merkmal der ganzen norddeutschen Landschaft zwischen Elbe und Niederrhein sind die ungezählten schönen Bauernhäuser, die sich in abwechslungsreichen Formen präsentieren und vor allem wegen ihrer vielgestaltigen Schauseiten Bewunderung verdienen. Es sind durchweg Fachwerkbauten, und die Felder zwischen den Balken zeigen immer wieder wechselnde Klinkermuster. Unter den tiefgezogenen Dächern, die früher überwiegend strohgedeckt waren, sind im allgemeinen Wohn- und Wirtschaftsteil vereinigt.

Farmhouses in Lower Saxony are outstanding for the variety of form and pattern in the brickwork of their half-timbered frontages.

Les fermes de basse Saxe sont célèbres par leurs multiples formes et les innombrables motifs en brique sur les façades en pans de bois.

Die Lüneburger Heide ist wegen ihrer stillen Schönheit und der malerischen Bilder mit blühender Heide und dunklen Wacholdergruppen berühmt. Aber die ursprüngliche Heidelandschaft findet man nur noch in dem Naturschutzgebiet am Wilseder Berg mit dem Totengrund.

Lüneburg Heath: untouched landscape near the Wilseder Berg.

La lande de Lunebourg: la région «Totengrund» près de la colline «Wilseder Berg».

Rechts: *Das neue Rathaus von Hannover.* Die Hauptstadt des Bundeslandes Niedersachsen hat sich nach ihrem Wiederaufbau nach dem zweiten Weltkrieg zu einer der modernsten deutschen Großstädte entwickelt. Das neue Rathaus, das die Parkanlagen am Maschsee nach Norden abschließt, ist ein schloß-artiger Neurenaissance-Bau mit einer mächtigen Kuppelhaube aus dem Jahre 1900-1913.

Right: The New Townhall in Hannover, north of the *Maschsee*: a neo-Renaissance building from 1900–1913.

A droite: Le nouvel Hôtel de Ville de Hanovre au Nord du *lac de Masch*, de style nouvelle Renaissance, date des années 1900–1913.

Oben: *Das Kloster Loccum* westlich des Steinhuder Meeres ist eine Zisterzienser-Gründung aus dem Jahre 1163. Es gehört zu den besterhaltenen Klosteranlagen aus der großen Zeit des Ordens. Eine Sehenswürdigkeit ist der Kapitelsaal.

Above: Pillared Hall in *Loccum* Priory, to the west of the Steinhuder Meer.

En 'haut: La salle du chapitre du couvent *Loccum* à l'Ouest de la Mer de Steinhude.

Links: *Celle, die einstige Herzogs-residenz,* am Südrand der Lüne-burger Heide, besitzt viele schöne Fachwerkhäuser, als Hauptsehens-würdigkeit aber das aus dem 16. und 17. Jahrhundert stammende Schloß der Herzöge von Braunschweig-Lüneburg-Celle, mit schönen Innen-räumen.

Left: The Ducal Palace in Celle, dating from the 16th and 17th Century.

A gauche: Le château ducal de Celle qui date des 16 et 17e Siècles.

Der Burgplatz zu Braunschweig. Das Herz der einstigen Hauptstadt Heinrich des Löwen (1129-95) am Ostrande des niederdeutschen Tieflandes ist der Burgplatz mit der Burg Dankwarderode (um 1775). Vor der Burg steht der in Erz gegossene Löwe, den der Welfenherzog im Jahre 1166 aufstellen ließ.

Castle Square in Braunschweig, with Dankwarderode Castle and a memorial bearing the celebrated bronze cast of a lion, symbols of Heinrich der Löwe (1129–1195).

La place du château à Brunswick avec le château «Dankwarderode» et un monument avec le célèbre lion en bronze, symboles du roi Henri-le-lion (1129–1195).

Leuchter Heinrichs des Löwen im Braunschweiger Dom. Der großartige romanische Dom zu Braunschweig, der erste kirchliche Gewölbebau Niedersachsens, birgt das Grabmal Heinrichs des Löwen, unter dem dieses Bauwerk 1173-95 entstand. Im Hochchor steht ein Bronzeleuchter aus der Zeit des Welfenherzogs.

A giant candelabra in Braunschweig Cathedral, dating from the time of Heinrich der Löwe.

Un immense candélabre en bronze dans la cathédrale de Brunswick, date du temps du duc de Welf (où Guelfe).

Kreuzgang in der Stiftkirche von Königslutter. Auf halbem Wege zwischen Braunschweig und Helmstedt, dem Hauptübergang zur DDR, liegt am Nordrand des Elm das Städtchen Königslutter. Es erhielt seinen Namen 1252 von König Lothar III. Die von diesem Kaiser erbaute Stiftskirche St. Peter und Paul besitzt einen schönen Kreuzgang; er ist zweischiffig.

Königslutter Abbey has some unusually fine cloisters from around 1200: they have a double walkway, and the supporting columns show a unique variety of form.

La collégiale de *Königslutter* possède un très beau cloître datant de l'époque 1200; elle a deux nefs et ses colonnes sont célèbres par la diversité de leurs formes.

Die Michaeliskirche in Hildesheim. Die alte Bischofsstadt Hildesheim im nordwestlichen Vorland des Harzes wurde unter Bischof Bernward (993–1022) und seinen Nachfolgern eine Hauptpflegestätte frühromanischer Kunst. Die Michaeliskirche, eine ehemalige Benediktiner-Abteikirche, gilt als eine der erhabensten romanischen Basiliken im norddeutschen Raum, ja in ganz Deutschland. Sie stammt in ihrer Grundlage aus dem 11. und 12. Jahrhundert, wurde im Bombenkrieg stark beschädigt, konnte aber im wesentlichen nach alten Plänen wiederaufgebaut werden. Zusammen mit dem Hildesheimer Dom von 1504–70 und der Godehardikirche sind der Stadt großartige sakrale Bauwerke erhalten geblieben.

The Church of St. Michael in Hildesheim, one of the finest Romanesque basilicas in Germany.

St-Michel à Hildesheim, une des plus belles basiliques romanes en Allemagne.

Links: *Schloß Hämelschenburg bei Hameln.* Im Wesertal hat sich im 16. und frühen 17. Jahrhundert namentlich in der Profanarchitektur eine spezielle Form der Renaissance entwickelt, die ihre Ausprägung in Schlössern und Patrizierhäusern gefunden hat. Eines der schönsten Beispiele ist das Schloß Hämelschenburg im Tal der Emmer. Mit seinen drei mächtigen, in Hufeisenform angeordneten Flügeln, den vielen reichverzierten Zwerggiebeln und den achteckigen Türmen in den beiden Winkeln des Schloßhofes stellt es ein Hauptwerk der sogenannten Weser-Renaissance dar.

Left: *Hämelschenburg* Castle near Hamelin, one of the best examples of the style known as Weser-Renaissance.

A gauche: Le château de *Hämelschenburg* près de Hameln, œuvre maîtresse de la Renaissance dite «de la Weser».

Rechts: *Die Porta Westfalica.* Kurz vor Minden durchbricht die Weser nach einem vielgewundenen Lauf durch das Weserbergland das Weser-Wiehengebirge. Die Berge links und rechts des Tales sind als Jakobsberg und Witteskindsberg jedem Besucher dieses schönen Wandergebietes und vor allem auch den Benutzern der Weserschiffe bekannt. Von dem markanten Denkmal für Kaiser Wilhelm I. auf dem Wittekindsberg hat man einen umfassenden Rundblick auf die weite Berglandschaft.

Right: The 'Porta Westfalica': this is the name given to the place where the River Weser cuts through the Weser-Wiehen Hills south of Minden because it can be regarded as the gateway to Westphalia.

A droite: *Porta Westfalica* c'est le nom que l'on donne à la trouée de la Weser à travers le massif Weser-Wiehen au Sud de Minden, parce qu'elle peut être considérée comme porte de la Westphalie.

Links: *Das Wesertal bei Steinmühle.* Im Verlauf der
Weser von Hannoversch-Münden, „wo Werra sich und
Fulda küssen und ihre Namen büßen müssen", bis nach
Minden weist ihr Tal eine Fülle ständig wechselnder
landschaftlicher Schönheiten auf. Das Wesertal mit
Solling und Vogler, Süntel und Deister, Hils und Ith,
den Bückebergen und dem Wesergebirge ist darum ein
vielbesuchtes Feriengebiet geworden. Bei Steinmühle
zwischen Rühle und Polle am Westhang des Voglers
fallen die Felswände fast senkrecht zur Weser hinab.

Left: The valley of the River Weser between Bodenwerder and Holzminden.

A gauche: La vallée de la Weser entre Bodenwerder
et Holzminden.

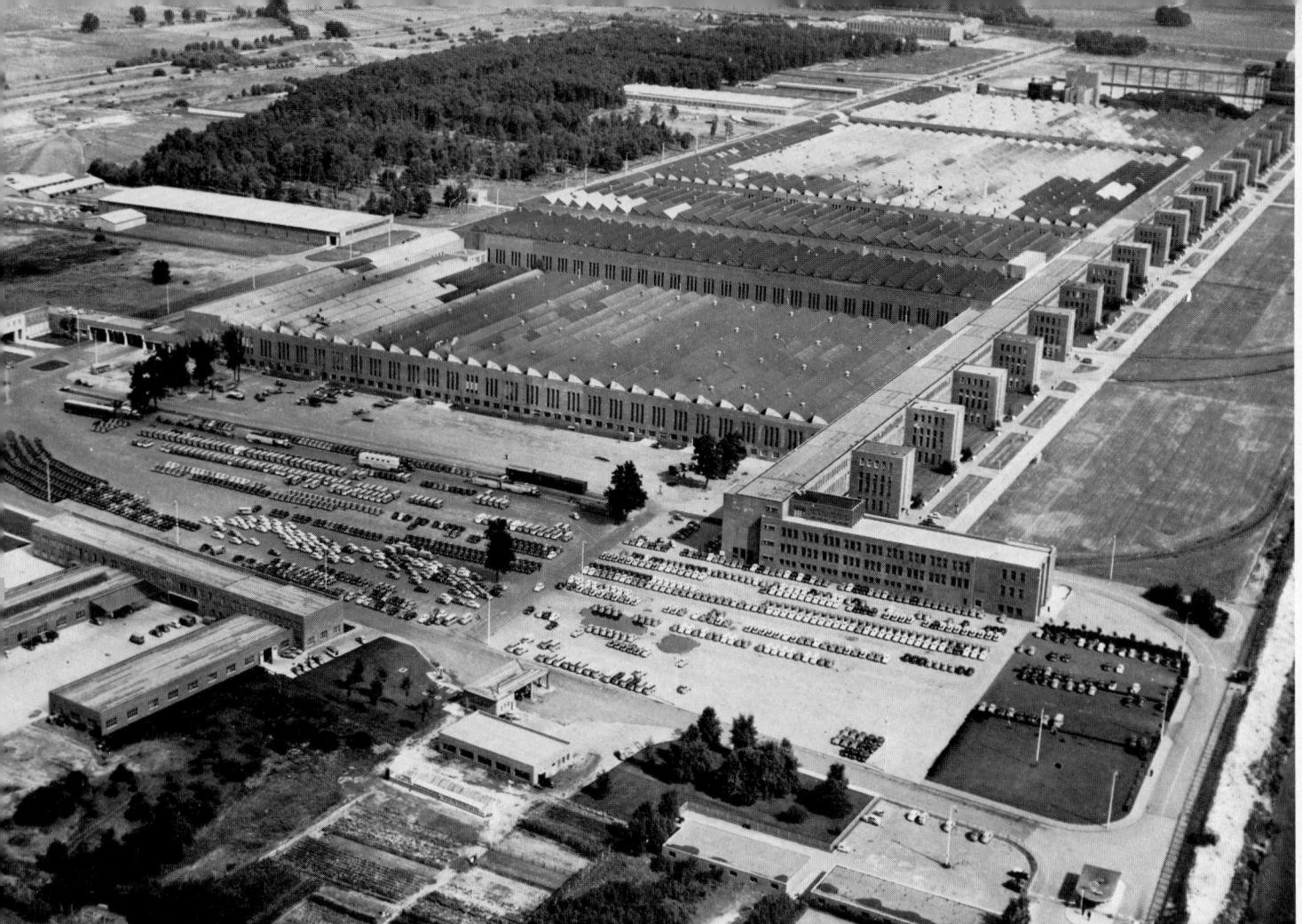

Oben: *Das VW-Werk in Wolfsburg.* Wolfsburg war ein unbedeutendes Nest mit nur 130 Einwohnern, ehe 1937 in der unmittelbaren Umgebung die Gründung des Volkswagenwerkes erfolgte, das sich rasch zu einem riesigen Industriekomplex am Mittellandkanal und an der Eisenbahnlinie Hannover-Berlin mit einer Front von 1500 m ausdehnte. Die Volkswagenwerk AG ist heute das größte europäische Unternehmen der Kraftfahrzeugindustrie und das größte westdeutsche Industrieunternehmen. Es verfügt über 6 inländische und sieben ausländische Werke, doch das Stammhaus ist Wolfsburg geblieben. Dessen Wohl und Wehe ist für die heute rund 134000 Einwohner zählende Stadt von schicksalhafter Bedeutung.

Above: The VW factory in Wolfsburg, birthplace of the Volkswagen.

En 'haut: L'usine VW à Wolfsburg, siège social et maison-mère de l'usine Volkswagen.

Rechts: *Der Mittellandkanal,* die wichtigste künstliche Wasserader Norddeutschlands, die eine Verbindung zwischen Rhein, Ems, Weser und Elbe herstellt und durch den Ihle-Kanal, den Plauer Kanal und die kanalisierte Havel auch Berlin in das komplizierte Kanalsystem einbezieht, wird bei Minden mit einer Kanalbrücke über die Weser geführt. Hier gibt es also den seltenen Fall, daß Wasserläufe über- und untereinander hinweggehen.

Right: An aqueduct carrying the *Mittellandkanal* over the River Weser near Minden.

A droite: Par un pont près de Minden, le *Mittellandkanal* est conduit au-dessus de la Weser.

Links: *Das Rathaus in Schwalenberg*, 1579, einem hübsch gelegenen Bergstädtchen zwischen Weser und dem Lippischen Bergland.

Left: The Townhall of *Schwalenberg* (1579).

A gauche: L'Hôtel de Ville de *Schwalenberg* (1579).

Unten: *Im Kurpark von Bad Pyrmont.* Bad Pyrmont, eines der bedeutendsten Staatsbäder Niedersachsens, besitzt in seinem Kurpark einen Palmengarten mit Pflanzen von südlicher Üppigkeit.

Below: The gardens of the spa at *Bad Pyrmont.*

En bas: Le parc thermal de *Bad* Pyrmont.

Die Weserstadt Minden kann sich rühmen, mit ihrem Dom die bedeutendste frühgotische Hallenkirche Westfalens zu besitzen. Das Bauwerk entstand im 11. und 13. Jahrhundert. Der Westbau zeigt noch frühromanische, der Chor und das Querschiff spätromanische Merkmale.

Minden Cathedral, the most important square-sectioned early Gothic church in Westphalia.

La cathédrale de Minden est la plus importante église à galerie de style gothique primitif en Westphalie.

Oben: *Die Externsteine im Teutoburger Wald*. Durch Erosion wurden nicht weit von Detmold fünf mächtige Säulen aus dem harten Fels des Buntsandsteins heraus präpariert. Die 30 bis 40 m hohen Externsteine haben schon in vorgeschichtlicher Zeit die Aufmerksamkeit der Bewohner des Umlandes erregt; sie schufen hier eine germanische Kultstätte.

Above: The Externsteine, natural sandstone pillars in the Teutoburger Wald which were used as a prehistoric shrine.

En 'haut: Les pierres d'érosion dans la région «Teutoburger Wald», un ancien lieu sacré germanique.

Rechts: *Paderborn, Dom und Abdinghofkirche*. Als alte westfälische Bischofs- und Hansestadt zwischen dem Teutoburger Wald und dem Eggegebirge kann Paderborn auf eine lange Geschichte zurückblicken. Der mächtige romanische Dom stammt aus dem 11. bis 13. Jahrhundert; er erhebt sich zusammen mit dem Turm der Abdinghofkirche.

Right: *Paderborn*, with its Romanesque cathedral and Abdinghof Church.

A droite: *Paderborn* avec sa cathédrale romane et l'église d'Abdinghof.

Das Rathaus in Münster. Unter den Hunderten von bemerkenswerten alten Rathausbauten in Deutschland steht der von Münster mit an der Spitze. In seinem Friedenssaal schlossen 1648 Spanien und die Niederlande zum Abschluß des Dreißigjährigen Krieges einen Teilfrieden.

The Gothic Townhall in *Münster.* In 1648 Spain and the Netherlands signed a limited peace treaty in its historic Peace Hall.

L'Hôtel de Ville gothique à *Münster.* Dans la salle de la paix l'Espagne et les Pays-Bas signèrent en 1648 un traité de paix.

Schloß Lembeck im Münsterland. Eine Zierde des grünen Münsterlandes sind die zahlreichen Wasserschlösser. Eines der imposantesten ist mit seinem Charakter als wehrhafte Burg das Wasserschloß Lembeck aus dem 14. Jahrhundert, schloßartig ausgebaut 1692.

Lembeck Castle in the Münsterland district.

Le château de *Lembeck* dans la région de Münster.

Oben: *Soest,* das „heimliche Herz" Westfalens, besitzt in der Stiftskirche St. Patroklus ein Zeugnis seiner einstigen Bedeutung als kirchliches Zentrum.

Above: Soest, the 'secret heart of Westphalia'.

En 'haut: Soest, le «coeur secret de Westphalie».

Rechts: *Die Möhnetalsperre* ist unter den vielen Talsperren im Sauerland und Bergischen Land mit einer Länge von 10 km und einem Fassungsvermögen von 140 Millionen m³ Wasser eine der größten und wasserreichsten.

Right: The Möhne Dam.

A droite: Le barrage de «Möhnetal».

Die Ruhr-Universität in Bochum, die 1965 eröffnet wurde, ist nur einer der eindrucksvollen Beweise für den Aufschwung, den die heute 352 000 Einwohner zählende Großstadt im Herzen des rheinisch-westfälischen Industriegebietes nach dem letzten Kriege genommen hat.

The University of the Ruhr, opened in *Bochum* in 1965.

L'Université de la Ruhr a été inaugurée en 1965 à *Bochum.*

Der Westfalenpark in Dortmund mit Fernsehturm, Westfalenhalle und Sportstadion Rote Erde ist die Erholungsinsel dieses 625 000 Einwohner zählenden Industriezentrums.

Westphalia Park in Dortmund, with its television tower.

Le parc de Westphalie à Dortmund avec la tour de la Télévision.

Rechts: *Der Rhein-Herne-Kanal* ist für die Ruhrindustrie von besonderer Wichtigkeit, weil er im Zusammenhang mit dem Dortmund-Ems-Kanal und dem Mittellandkanal den Rhein mit der Ems und der Weser verbindet.

Right: The *Rhine-Herne-Canal* is of particular importance to industry in the Ruhr.

A droite: Le *Rhein-Herne-Kanal* est de toute première importance pour l'industrie de la Ruhr.

Unten: Eine Großkokerei im Ruhrgebiet.

Below: A giant coking plant in the Ruhr.

En bas: Une cokerie dans la région de la Ruhr.

Rechts: *Goslar, Markt und Kaiserworth*. Goslar war ein Lieblingsaufenthalt der sächsischen und fränkischen Kaiser; unter Kaiser Heinrich III. (1039-56) wurde hier eine kaiserliche Pfalz gebaut. Ihre Entstehung verdankt die Stadt wahrscheinlich den Silbergruben im nahen Rammelsberg, dem ältesten Bergwerk im Harz. Der Beitritt zur Hanse brachte eine neue Blütezeit, in der verschiedene Gebäude am Marktplatz erbaut wurden, so das Rathaus und die Kaiserworth, 1494 als Gildehaus der Gewandschneider errichtet (auf unserem Bild links im Vordergrund).

Right: The centuries-old marketplace in *Goslar*. Some of the buildings around it date from the city's Hanseatic period, including the 15th/16th Century Townhall and the Kaiserworth (left foreground) which was erected in 1494 as the Craftsman Tailors' Guild House.

A droite: Sur la place du marché de *Goslar* se dressent quelques maisons du temps de la Hanse, en particulier l'Hôtel de Ville qui date du 15e et du 16e Siècle et la Maison «Kaiserworth» qui était autrefois la maison des Tailleurs.

Mittel- und Ostdeutschland

Oben: *Das Okertal* im Harz ist wegen des mit Felsbrocken angefüllten Flußbettes und der malerischen Felsszenerien ein Glanzpunkt des Oberharzes.

Above: The *Okervalley*.

En 'haut: La *vallée de l'Oker* dans le Harz.

Rechts: *Die Okertalsperre* ist nach dem letzten Krieg durch Aufstauung des Flusses entstanden. Dadurch hat sich ein weitverästelter See gebildet, der hauptsächlich das große Industriegebiet um Salzgitter mit Wasser versorgt.

Right: The Oker dam, built after the last war by blocking the river.

A droite: Le barrage de l'Oker n'a été construit qu'après la guerre en retenant les eaux du fleuve.

11

Links: *Schloß Herzberg* liegt auf einem niedrigen Bergrücken am Westrande des Harzgebirges über dem Städtchen Herzberg. Es existierte als Burg und Jagdschloß schon im 12. Jahrhundert; Heinrich der Löwe erwarb es 1157. Seitdem blieb es viele Jahrhunderte in welfischem Besitz. Heute benutzt das Amtsgericht von Herzberg die weitläufigen Räume. Vom Tal her gesehen ist das Schloß ein zwar monumentaler, aber monotoner Bau. Der Innenhof jedoch wirkt durch die Fachwerkbauweise sehr stimmungsvoll.

Left: Central courtyard of Herzberg Castle on the western edge of the Harz Mountains.

A gauche: La cour intérieure du Château de Herzberg à la lisière Ouest du Massif du Harz.

Rechts: *Das Rathaus von Wernigerode.* Nur wenige Kilometer von Bad Harzburg entfernt, aber durch die DDR-Grenze getrennt, liegt Wernigerode, eine alte Stadt, der man die Vergangenheit an seiner Burg und vielen Gebäuden noch ansieht. Als das originellste unter den zahlreichen Fachwerkhäusern gilt das einstige gräfliche „Spielhaus" aus dem 15. Jahrhundert, das im 16. Jahrhundert zum Rathaus umgebaut wurde.

Right: 15th Century Townhall in *Wernigerode*, once a house of entertainment belonging to the local Duke before it was converted into the Townhall.

A droite: L'Hôtel de Ville de *Wernigerode*, ancienne «maison de jeu» des Comtes de Wernigerode datant du 15e Siècle, transformée plus tard en Hôtel de Ville.

Rechts: *Walkenried* ist ein am Südrand des Harzes nahe der Grenze zur DDR gelegenes Dorf, in dem die eindrucksvollen Reste einer ehemaligen Zisterzienserabtei liegen, deren bauliche Anfänge bis ins Jahr 1127 zurückreichen und die während des Bauernkrieges 1525 geplündert und zerstört wurde. Kreuzgang und Brunnenhaus sind von der Anlage am besten erhalten.

Right: Cloisters and well house in the Cistercian Abbey of Walkenried on the southern edge of the Harz.

A droite: Cloître et maison-citerne de l'abbaye cistercienne Walkenried à la lisière Sud du Harz.

Rechts: *Gotha, Marktplatz mit Rathaus.* Gotha im nördlichen Vorland des Thüringer Waldes war einst eine fürstliche Residenz. Schon die Landgrafen von Thüringen hatten in Gotha eine Burg, die 1440 an die Wettiner kam. Nach vielerlei Teilungen im sächsischen Hause wurde Gotha Herzogtum unter Ernst dem Frommen, der das Schloß Friedenstein erbaute.

Right: Gotha, the marketplace and Townhall seen from Friedenstein Castle.

A droite: Gotha, vue du Château de Friedenstein sur la place du marché et l'Hôtel de Ville.

Rechts: *Der „Finkenherd" in Quedlinburg.* In fruchtbarer Landschaft an der Bode, nicht weit vom Rande des Harzes, errichtete Heinrich I., der erste deutsche König aus sächsischem Hause (919-936), ein Chorherrenstift, das später als freies reichseigenes Frauenstift ein Mittelpunkt des Geisteslebens jener Zeit wurde. Quedlinburg besitzt noch eine große Zahl von schönen Fachwerkhäusern, darunter den „Finkenherd" aus dem 17. Jahrhundert.

Right: The 'Finkenherd' in Quedlinburg, a fine decorated house from the 17th Century.

A droite: La Maison «Finkenherd» à Quedlinburg, une belle maison à pans de bois datant du 17e Siècle.

Oben: *Halberstadt, Liebfrauenkirche.* Das traditionsreiche Halberstadt im nordöstlichen Harzvorland hat im Kriege viele seiner alten Bauten verloren. Einige konnten allerdings seitdem wieder aufgebaut werden, auch die sakralen Bauten, an denen der alte Bischofssitz reich ist. Zu ihnen gehört die Liebfrauenkirche, eine viertürmige römische Basilika (1146-60).

Above: Church of Our Lady in Halberstadt, a town steeped in tradition in the area immediately to the northeast of the Harz.

En 'haut: L'Eglise dédiée à la Vierge à Halberstadt, vieille ville de traditions située dans la région Nord-Ouest du Harz.

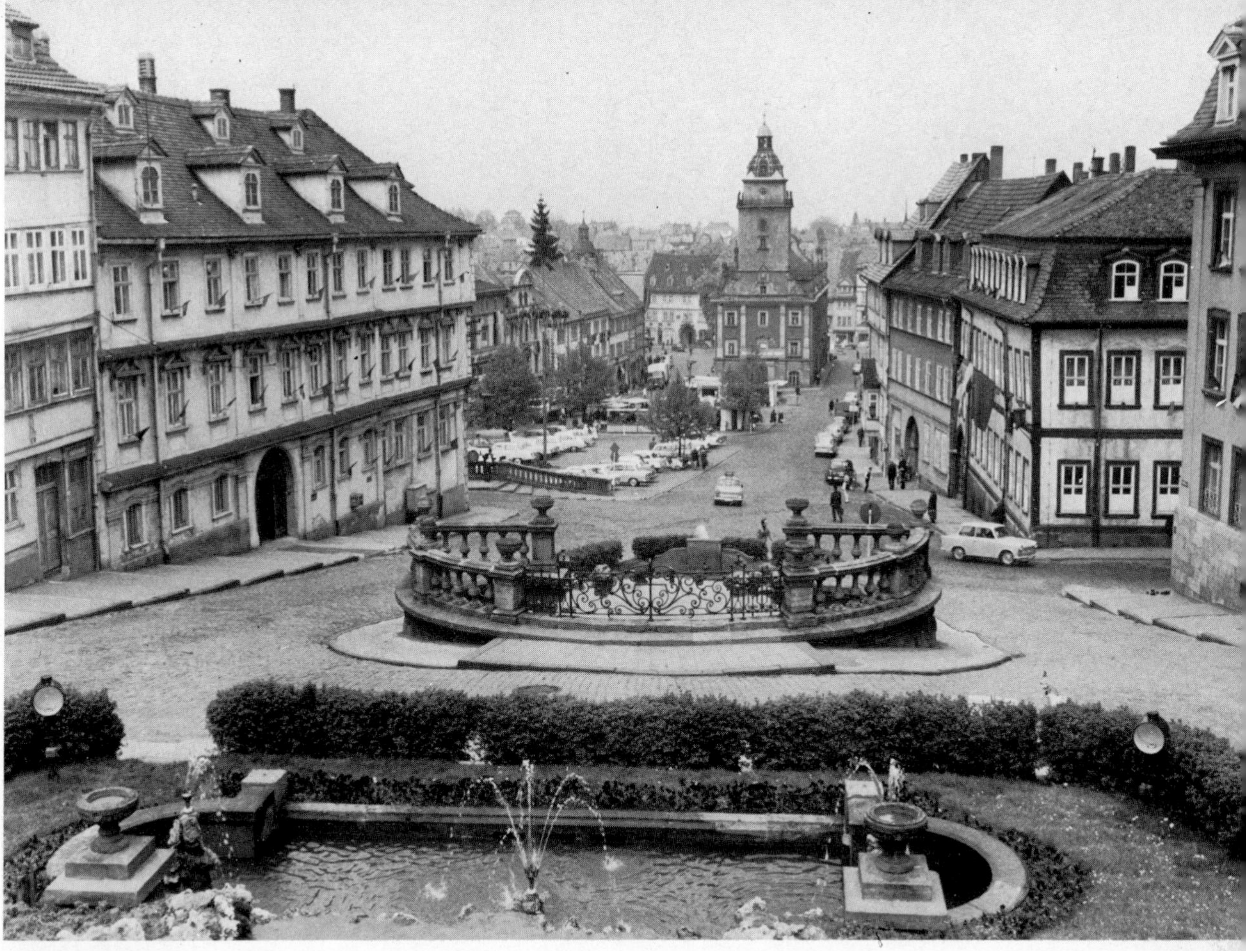

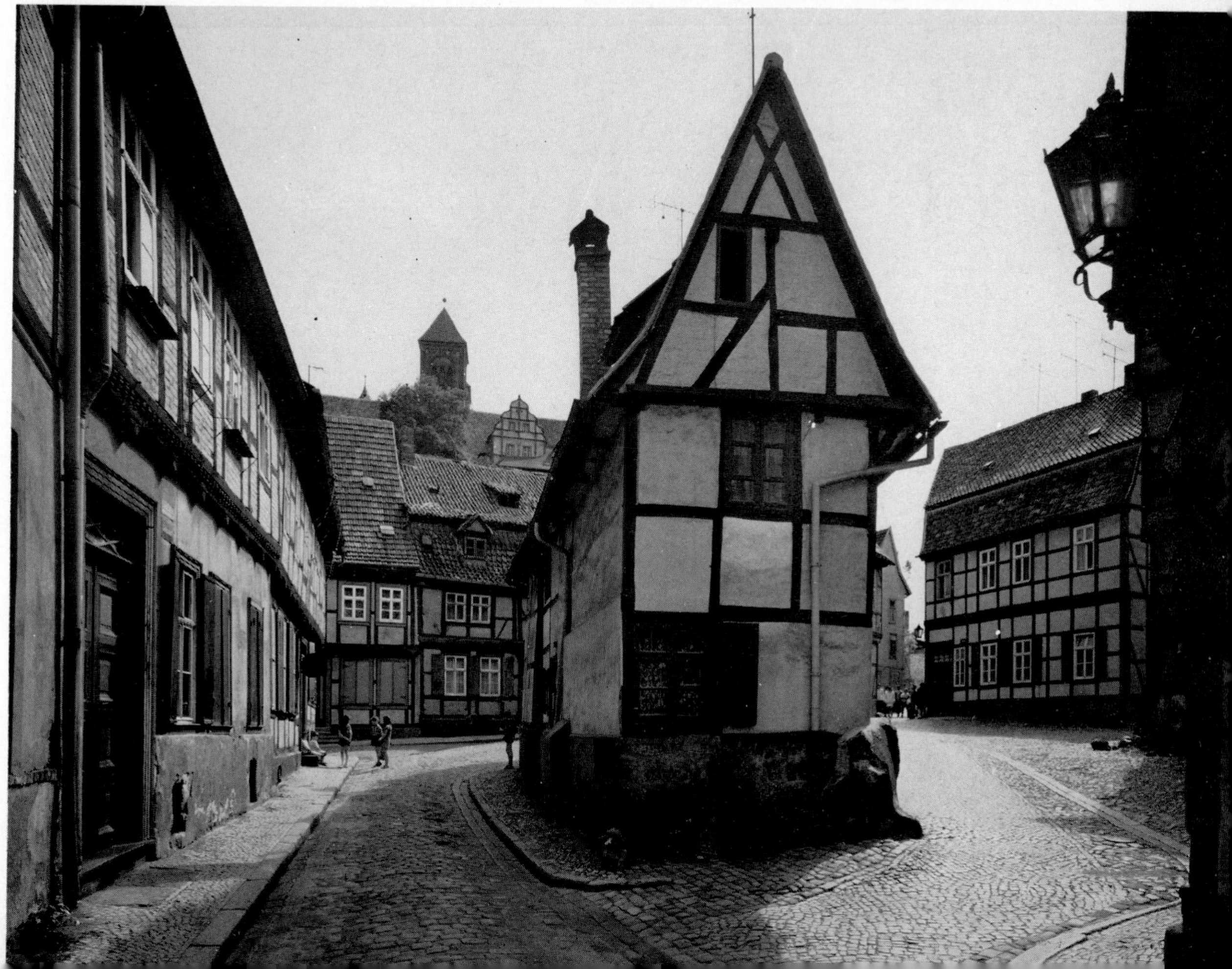

Oben: *Erfurt, Dom und Severikirche.* An einem weiten Platz erhebt sich der Dom (links im Bilde), im 8. Jahrhundert gegründet und im 12. und 13. Jahrhundert neu gebaut; auf der anderen Seite der breiten Treppe steht die St. Severikirche aus dem 13. Jahrhundert.

Above: The Cathedral and St. Severus Church in Erfurt.

En 'haut: La cathédrale et l'Eglise St-Séverin à Erfurt.

Rechts unten: *Die Wartburg,* auf steilem Bergrücken über der Stadt Eisenach gelegen, wurde zwischen 1075 und 1080 von Landgraf Ludwig dem Springer zur Sicherung seiner Herrschaft in Thüringen errichtet.

Right below: The Wartburg, high above the town of Eisenach, one o the most famous castles in Germany.

A droite en bas: Le château de Wartburg au-dessus d'Eisenach, un châteaux les plus célèbres d'Allemagne.

:hts: *Die Drei Gleichen* heißen drei
:gen, die im Thüringer Becken zwischen
ıstadt und Gotha nahe beieinander auf
:hen Bergkuppen stehen: Wachsenburg,
ıhlberg und die Wanderslebener Gleiche.

:ht: The 'Drei Gleichen', or 'Three of the
ne', as these three castles in Thuringia
ween Arnstadt and Gotha are called.

lroite: «Die Drei Gleichen» (les trois
eils): c'est ainsi que l'on nomme trois
teaux dans le bassin de Thüringe entre
nstadt et Gotha.

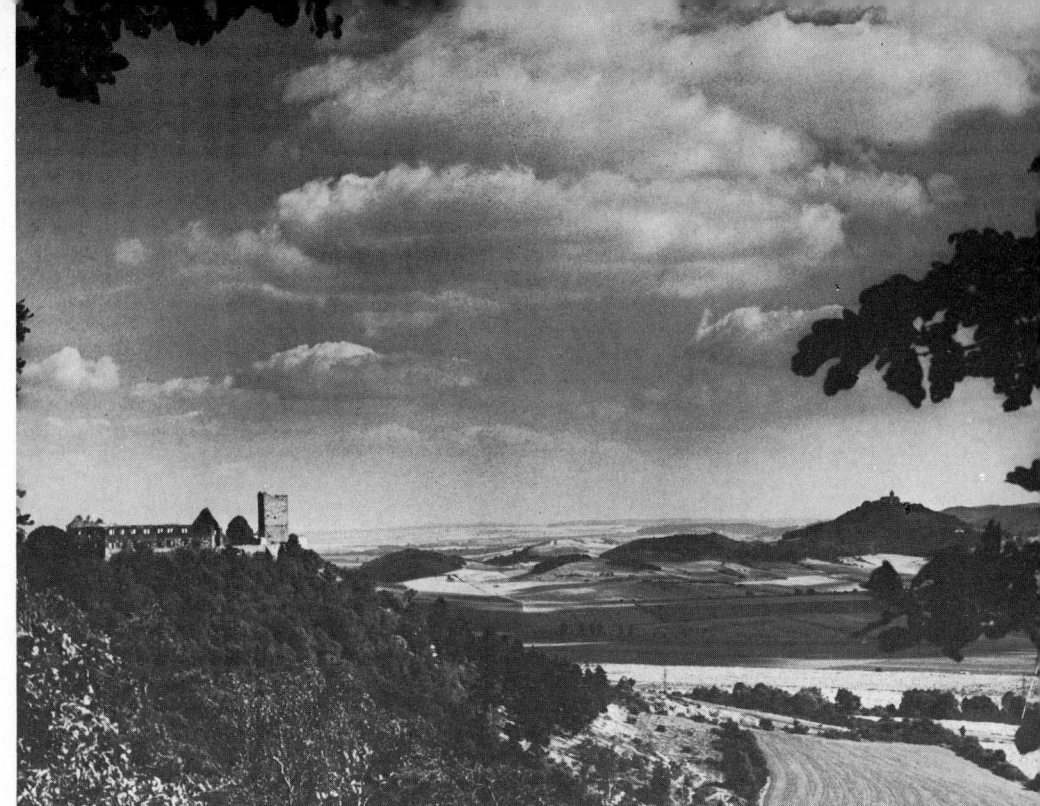

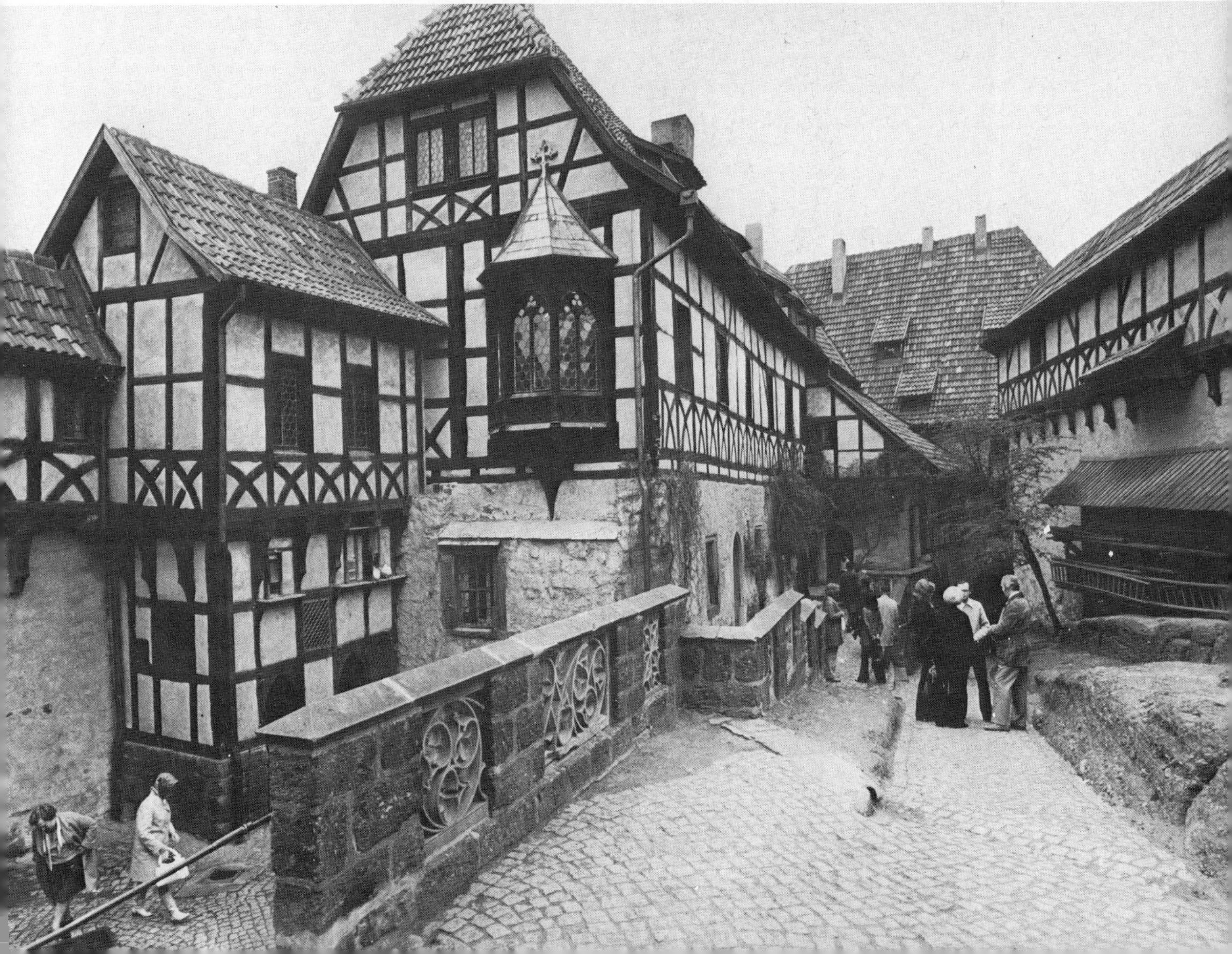

Links: *Das Schillerhaus in Weimar*. 1802 konnte Schiller in Weimar sein eigenes Haus beziehen, in dem er nur noch drei Jahre lebte. Das Haus wurde zu einer Gedenkstätte umgewandelt.

Left: The house of the poet and dramatist Friedrich Schiller in Weimar, in which he spent the last three years of his life.

A gauche: La maison de Friedrich Schiller à Weimar, dans laquelle il passa les dernières années de sa vie.

Unten: *Die Stadt Suhl* am Südhang des Thüringer Waldes ist als Waffenschmiede bekannt geworden. Unser Bild zeigt Neubauten an der Wilhelm-Pieck-Allee und die neue Stadthalle.

Below: The metal-working town of Suhl in the Thüringer Wald district. A view of Wilhelm-Pieck-Allee with the new Municipal Hall.

En bas: La ville d'armes Suhl dans la forêt de Thüringe. Notre photo montre l'Allée Wilhelm Pieck et la nouvelle salle des fêtes municipale.

Rechts: *Das Arbeitszimmer Goethes* in seinem Haus am Frauenplan in Weimar. Der zweigeschossige Barockbau war der Wohnsitz des Dichters und Staatsmannes von 1782 bis zu seinem Tode 1832.

Right: Goethe's study in his house in *Weimar*.

A droite: Le bureau de travail de Johann Wolfgang von Goethe à *Weimar*.

Unten: *Jena, Markt mit Rathaus und Universitätshochhaus*. Die heutige Friedrich-Schiller-Universität von Jena ist in einem Neubau untergebracht.

Below: The marketplace in Jena, its Townhall now dwarfed by the new round tower block of the Friedrich Schiller University.

En bas: Le marché à léna avec l'Hôtel de Ville, coiffé depuis peu par la tour cylindrique de l'Université Friedrich Schiller.

23

Die Uta von Naumburg. Das Innere des spätromanischen Doms von Naumburg an der Saale ist reich an Skulpturenschmuck, von dem die Stifterfiguren des Westbaues besonders bekannt sind, unter ihnen vornehmlich Eckehard und Uta. Die Stifterfiguren krönen das Lebenswerk des unbekannten „Meisters von Naumburg".

The figure of Uta, one of the great masterpieces in stone that adorn the late Romanesque Cathedral of Naumburg.

La statue «Uta» de Naumburg, une des figures en pierre représentant un fondateur dans la cathédrale de style roman finissant de Naumburg.

Halle an der Saale, Markt mit der Kirche „Unserer lieben Frauen".
Halle wird erstmalig 806 als karolingisches Kastell erwähnt, als Wehr-anlage auf der heutigen Domhöhe zum Schutze der schon in vorge-schichtlicher Zeit ausgebeuteten Salzquellen. Heute gehört die Stadt mit ihrer chemischen Industrie, ihrem Waggonbau und mehreren Bildungsanstalten zu den wichtigsten Städten der DDR. Der unregel-mäßige Marktplatz mit dem Roten Turm und der Marienkirche nimmt die Mitte der Altstadt ein.

The old salt-mining town of *Halle* on the Saale has an irregularly shaped marketplace dominated by the Red Tower of the Church of Our Lady.

Halle, l'ancienne ville du sel au bord de la Saale, possède une place du marché fort irrégulièrement bâtu, et qui doit son pittoresque à la tour rouge et à l'Eglise Sainte-Marie.

Die Messestadt Leipzig hat eine Geschichte, die bis auf das Jahr 1160 zurückreicht. Eine Leipziger Messe gibt es schon seit 1497. Krieg und Nachkriegszeit haben die Stadt sehr verändert; am Ring und in den Außenbezirken sind aus den Trümmern des Bombenkrieges Bauten entstanden, die das Gesicht der heutigen Messestadt prägen.

Leipzig has a long tradition of putting on Trade Fairs, ever since 1497. Out of the ruins of wartime bombing has arisen a completely new city with wide streets and tall modern buildings.

Leipzig est depuis 1497 une ville traditionnelle de foire. Des ruines des bombardements de la guerre a surgi une ville nouvelle avec de larges avenues et des immeubles modernes.

Karl-Marx-Stadt. Als Hochburg der organisierten Arbeiterbewegung wurde die Leinenweberstadt Chemnitz 1953 in Karl-Marx-Stadt umbenannt. Im zweiten Weltkrieg wurde vor allem die Innenstadt stark zerstört; sie erfuhr seitdem eine großzügige Umgestaltung mit einem Netz von Verkehrstangenten und der Anlage eines zentralen Platzes im Bereich des Alten Marktes. Hier steht seit kurzem ein Riesenmonument von Karl-Marx.

Karl-Marx-Stadt is the new name given to the old linenweavers' town of Chemnitz in 1953.

«Karl-Marx-Stadt»: c'est le nom donné depuis 1953 à l'ancienne ville de Chemnitz dans le bassin de l'Erzgebirge (Mts Metallifères).

Oben: *Das neue Gesicht Dresdens.*
Das einstige „Elbflorenz" ist in den
Feuerstürmen des grauenhaften
Fastnachtdienstags 1945 untergegangen. Die hier gezeigte Prager
Straße ist für das neue Dresden
typisch.

Above: The new face of Dresden,
once the 'Florence of the Elbe'.

En 'haut: Le nouvel visage de
Dresde, ancienne «Florence de
l'Elbe».

Links: *Der Zwinger in Dresden,*
M.D. Pöppelmanns unvergleichliche barocke Anlage eines Renn-
und Festspielplatzes, wurde originalgetreu wieder aufgebaut.

Left: The Zwinger in Dresden.

A gauche: Le Palais Zwinger à
Dresde.

128

Dresden, Blick auf die Hofkirche und die Brühlsche Terrasse. Die Brühlsche Terrasse über dem Elbstrom war einst Teil der im 16. Jahrhundert angelegten Befestigung der Dresdener Altstadt. Heinrich Graf von Brühl ließ sie vor 1740 zu einer Gartenanlage ausbauen, die von einem Palais und einem Bibliotheksgebäude flankiert wurde. Die Brühlsche Terrasse erfuhr im Laufe der Zeit mannigfaltige Umwandlungen. Die repräsentativen Bauten, die das Hochufer der Elbe schmückten und den Terrassen Weltruf verschafften, sind im letzten Krieg weitgehend zerstört worden; sie wurden aber inzwischen teil-

weise wiederhergestellt oder sinnvoll ersetzt. Auch die prächtige barocke Hofkirche, die G. Chiaveri 1739-55 schuf, konnte restauriert oder rekonstruiert werden.

The famous Brühl Terrace on the bank of the Elbe in Dresden, with the Hofkirche in the background.

La célèbre terrasse de Brühl sur la rive de l'Elbe à Dresde avec l'Eglise «Hofkirche» à l'arrière-plan.

Die Sächsische Schweiz. Die eigenartigen Felsbildungen haben dem Elbsandsteingebirge den Namen „Sächsische Schweiz" gegeben. Imposant sind vor allem die steilen Wände der Felstürme.

The Elbsandsteingebirge, a region of sandstone formations known as 'Saxony's Little Switzerland'.

L'«Elbsandsteingebirge» surnommée également la Suisse saxonne à cause de ses gigantesques formations rocheuses.

Schloß Moritzburg bei Dresden wurde von dem Barockmeisters M. D. Pöppelmann im Auftrag König Augusts des Starken auf einer künstlich angelegten Insel erbaut.

Moritzburg Castle near Dresden, built on an artificial island by the great Baroque architect M. D. Pöppelmann under commission from King August der Starke.

Le château de Moritzburg près de Dresde a été construit sur une île artificielle par le Maître du Baroque M.D. Pöppelmann à la demande du Roi Auguste-Le-Fort.

Meißens Wahrzeichen ist der Burgberg mit der Albrechtsburg und dem Dom.

This view of the Burgberg is virtually the trademark of Meißen, with Albrecht's Castle and the Cathedral.

La ville de Meißen est caractérisée par la colline du château (Burgberg) avec le château d'Albrecht et la cathédrale.

Cottbus, eine aus einer kleinen Marktgemeinde hervorgegangene Stadt in der Niederlausitz, besitzt bedeutende Textil-, Maschinen- und andere Industrien. Nach dem Kriege ist im Süden ein ganz neuer Stadtteil entstanden. Die Neubauten an der Stadtpromenade sind bemerkenswerte architektonische Leistungen.

The process of rebuilding after the war, plus the addition of a new suburb, has given *Cottbus* a completely new look, as this picture of the Town Promenade shows.

Après la guerre les constructions modernes ont transformé l'aspect de la ville de *Cottbus* comme le prouve cette photo de la promenade.

Eisenhhüttenstadt im Bezirk Frankfurt a.d. Oder existiert erst seit 1951. Die Stadt wurde damals als „erste sozialistische Wohnstadt der DDR" gegründet, und zwar für die Beschäftigten des Eisenhüttenkombinats Ost. Die Stadt gliedert sich in vier Wohnkomplexe, die um einen zentralen Bezirk herum liegen. Alle Wohnungen sind Staatseigentum. Auf dem Bild öffnet sich ein Blick über die Stadt auf das Eisenhüttenkombinat.

Eisenhüttenstadt near Frankfurt a.d. Oder was establishead in 1951 as the German Democratic Republic's first example of a Socialist settlement.

Eisenhüttenstadt dans la circonscription de Francfort-sur-Oder a été créé en 1951 comme première ville résidentielle socialiste de la R.D.A.

Das Schweriner Schloß ist aus einer alten wendischen Häuptlingsburg entstanden, die 1160 von Heinrich dem Löwen erobert wurde. Die Herzöge von Mecklenburg nahmen vom 17. Jahrhundert ab einen grundlegenden Umbau der Inselburg vor. Die vielen Türme und Türmchen, die mächtige goldene Kuppel und die Fassadengestaltung haben das Schweriner Schloß zu einem eindrucksvollen Beispiel deutscher Romantik in der Schloßbaukunst gemacht.

Schwerin Castle is a fine example of German Romantic castle architecture.

Le château de Schwerin est un très bel exemple de l'art architectural du Romantisme allemand.

Links: *Rathaus und Roland in Brandenburg.* Die an der unteren Havel gelegene Stadt Brandenburg ist aus einer slawischen Festung hervorgegangen, die 928 durch König Heinrich I. erobert wurde. Das gezeigte Altstädtische Rathaus ist ein zweigeschossiger spätgotischer Backsteinbau. Neben dem Rathaus steht der Roland von Brandenburg, Sinnbild der Marktfreiheit und der Handelsprivilegien.

Left: Brandenburg on the lower Havel has a townhall in the Old Town that is a typical example of late brick-Gothic architecture.

A gauche: L'Hôtel de Ville en briques de Brandebourg sur la Havel Inférieure est un très bel exemple de l'art architectural de style gothique flamboyant.

Unten: *Magdeburg, Karl-Marx-Straße.* Von seinen Anfängen um das Jahr 1000 an war Magdeburg der für Handel und Verteidigung wichtigste Grenz- und Brückenort an der Elbe. Im Januar 1945 wurde die schöne Altstadt durch anglo-amerikanische Luftangriffe fast völlig zerstört. Der Wiederaufbau hat ein völlig neues Stadtbild geschaffen, wie die Karl-Marx-Straße zeigt, an der das "Haus des Lehrers", der Sitz des Pädagogischen Instituts, liegt.

Below: New buildings along Karl Marx Street in Magdeburg, showing a great many changes since the war.

En bas: La «Karl-Marx-Strasse» avec ses immeubles modernes représente le nouvel aspect de Magdeburg.

Wittenberg, Markt mit Rathaus und Stadtkirche. Wittenberg am Südrand des Flämings war 1508 bis zum Tode Martin Luthers eng mit dem Wirken des großen Reformators verbunden, der in der Schloßkirche auch seine letzte Ruhestätte gefunden hat. Unser Bild zeigt den Marktplatz mit dem von der einstigen Wohlhabenheit der Stadt zeugenden Rathaus und der Stadtpfarrkirche St. Marien.

Wittenberg on the Elbe, a town that was associated with Martin Luther throughout the greater part of his life.

La ville de Luther, *Wittenberg sur l'Elbe,* à laquelle Martin Luther fut lié pendant la plus grande partie de sa vie.

Oben: *Der Elbstrom bei Wittenberg.*

Above: The River Elbe as it passes Wittenberg.

En 'haut: L'Elbe près de Wittenberg.

Rechts: *Der Kurfürstendamm* ist nach dem Kriege die repräsentativste Straße West-Berlins geworden. Mit seinen eleganten Geschäften, Hotels, Restaurants und Cafés, verschiedenen Theatern und großen Kinos gehört er zu den berühmtesten Avenuen der Welt.

Right: Since the war, the Kurfürstendamm has become the showpiece of *West-Berlin.*

A droite: La «Kurfürstendamm» est devenue après la guerre une des rues les plus élégantes de *Berlin-Ouest.*

Berlin und seine Umgebung

Oben: *Gedächtniskirche und Europa-Center am Abend.* Der Turm der im Krieg zerstörten Kaiser-Wilhelm-Gedächtniskirche mit dem von dem Karlsruher Architekten Egon Eiermann hinzugefügten Kirchenbau und das Europa-Center bilden den Mittelpunkt des modernen West-Berlins.

Above: The focal point of modern West Berlin – the warravaged tower of the Kaiser Wilhelm Memorial Church with the church building added to it by the architect Egon Eiermann. Next to it is the Europa-Center.

En 'haut: La tour de l'Eglise «Kaiser-Wilhelm-Gedächtniskirche» qui a été détruite pendant la guerre; la neuve qui a été construite par l'architecte de Karlsruhe Egon Eiermann et le Centre Européen constituent le centre du Nouveau Berlin.

Links: *Straßenhändler am Kudamm.* Ein Bummel über den Kurfürstendamm ist zu jeder Tageszeit von großem Reiz.

Left: Street traders on the Kurfürstendamm.

A gauche: Les camelots dans la «Kurfürstendamm».

Die Stadtautobahn Berlin ist aus einer wohlüberlegten Verkehrsplanung entstanden; sie stellt vielleicht die modernste Lösung der in allen Großstädten immer brennender werdenden Verkehrsprobleme dar. Nach ihrer endgültigen Fertigstellung wird sie aus dem Stadtring, der in einer Länge von 45 km die Innenstadt umschließt, und vier Tangenten mit einer Gesamtlänge von 55 km. die von den Stadtgrenzen aus zum Stadtkern führen, bestehen. Das Projekt wurde 1956 in Angriff genommen.

Berlin's urban motorway system is made up of a 45 km ring plus four tangential roads from the suburbs into the city centre.

L'autoroute de Berlin est composée d'une route périphérique de 45 km et de quatre tangentes qui vont de la frontière à la Cité.

Das Reichstagsgebäude, der berühmte Wallot-Bau (1884–1894) am Platz der Republik nahe dem Brandenburger Tor, wurde 1933 durch Brandstiftung weitgehend zerstört und 1945 bei den Kämpfen um Berlin weiter beschädigt. Inzwischen wurden wesentliche Teile wiederhergestellt.

The old Reichstag building, built by Paul Wallot from 1884–94, was burnt down in 1933 and then again shelled to pieces in 1945.

Les bâtiments du Reichstag ou Diète de l'Empire qui furent construits par Paul Wallot de 1884 à 1894, ont été détruits en partie en 1933 par un incendie criminel et en 1945 par des bombardements.

Die Neue Nationalgalerie entstand in den sechziger Jahren nach Plänen von Mies van der Rohe. Sie dient zur Aufnahme der in den Westen gelangten Sammlungsbestände der Nationalgalerie auf der Museumsinsel in Ost-Berlin und der „Galerie des 20. Jahrhunderts". Die Stabile vor dem Eingang stammt von dem amerikanischen Bildhauer Alexander Calder.

The National Gallery, based on plans by Mies van der Rohe.

La Nouvelle Galerie Nationale a été construite d'après les plans de Mies van der Rohe.

Schloß Charlottenburg, Goldene Galerie. An dem Charlottenburger Schloß haben von 1695 bis 1788 die berühmtesten Architekten ihrer Zeit gearbeitet, ehe es seine endgültige Form erhielt. Die Zerstörungen im Bombenkrieg konnten inzwischen größtenteils beseitigt werden. Das Schloß dient heute hauptsächlich Ausstellungszwecken, auch die großartige Goldene Galerie, einst Tanzsaal, ein Glanzstück der Rokokodekoration.

The royal palace of *Charlottenburg* is used nowadays mainly for exhibitions, including this part, the Golden Gallery, a masterpiece of decorative Rococo.

Le château royal de *Charlottenburg* sert actuellement de galerie d'exposition, en particulier la salle «Goldene Galerie» (Galerie dorée) qui est un chef-d'oeuvre de décoration intérieure de style Rococo.

Die Kongreßhalle in der Nähe des Hansaviertels wurde zur Zeit der Interbau 1957 von dem amerikanischen Architekten Hugh A. Stubbins aus Mitteln der Benjamin-Franklin-Stiftung geschaffen.

The Congress Hall adjoining the Hansa Quarter is one of Berlin's most interesting postwar buildings. It was designed by the American architect Hugh A. Stubbins.

La Salle des Congrès près du quartier Hansa est une des constructions les plus intéressantes du Berlin d'après-guerre. C'est une oeuvre de l'architecte américain Hugh A. Stubbins.

Das neue Hansaviertel ist im wesentlichen das Ergebnis eines internationalen Wettbewerbs und gilt als wohlgelungenes Experiment einer totalen Neukonzeption eines modernen Wohnviertels. 53 Architekten des In- und Auslandes beteiligten sich mit Musterbauten.

The Hansa Quarter, the outcome of a competition in which 53 architects from Germany and abroad took part.

Le quartier Hansa, résultat d'un concours auquel ont participé 53 architectes allemands et étrangers.

Der Flughafen Tegel hat seit Herbst 1974 den bisherigen Flughafen Tempelhof als Start- und Landeplatz für die Düsenriesen abgelöst. Der Ausbau ist in großzügigster Weise erfolgt und hat auch den Ausbau der Zufahrtsstraßen in die Planung einbezogen.

Tegel Airport was put back into operation in 1974 after it had been considerably extended. Most big jets fly from here now as Tempelhof Airport has become too smal to accommodate them.

L'Aéroport de Tegel a été agrandi et fut inauguré en automne 1974. C'est là que décollent et atterrissent les géants pour lesquels l'Aéroport de Tempelhof est devenu trop petit.

Links oben: *Das Schö-neberger Rathaus*, früher ein Bezirksrathaus wie 19 andere in Berlin, ist seit 1948 der Amtssitz des Regierenden Bürgermeisters von Berlin, des Senats und des Abgeordnetenhauses.

Left above: Schöneberg Townhall, the administrative centre used by the Ruling Mayor of Berlin, the City Council and its officers.

A gauche en 'haut: L'Hôtel de ville de Schöneberg, siège du maire de Berlin, du Sénat et de l'Administration de la ville.

Rechts: *Havel und Spree* mit ihrem ausgedehnten Seensystem haben Berlin zur „Seestadt" gemacht.

Right: Sailing boats on the Havel Lakes.

A droite: Voiliers sur les lacs de la Havel.

Links unten: *Schloß Bellevue* im Nordteil des Tiergartens, 1785 für Prinz August Ferdinand von Preußen erbaut, dient heute als Berliner Amtssitz des jeweiligen Bundespräsidenten der BRD.

Left below: Bellevue Palace in the Tiergarten.

A gauche en bas: Le château de Bellevue dans le Zoo.

14

Oben: *Hochbetrieb im Freibad Wannsee.*
Auch das Freibad am Wannsee ist währen
der Badesaison meistens hoffnungslos über-
füllt, so daß der Erholungsuchende Mühe
hat, sich ein Plätzchen am Strand zu erobern.

Above: During hot weather the outdoor poo
Wannsee is packed to bursting point.

En 'haut: Par jours de grande chaleur le bain
plein-air «Wannsee» est complètement débo

Links: *Der Grunewald* ist als Lunge der W
stadt von besonderer Bedeutung. In seinen
ausgedehnten Wäldern gibt es noch viele
Wege, die nicht übervölkert sind.

Left: Grunewald's wooded parkland acts as t
lungs of the city.

A gauche: La forêt du Grunewald qui s'étend
largement autour de Berlin est le poumon de
ville.

14

Das Brandenburger Tor, einst Symbol der stolzen Hauptstadt des Deutschen Reiches, symbolisiert heute die seit dem Kriege noch immer ungeklärte und unbefriedigende Lösung der mit der geteilten Stadt verbundenen Probleme, denn das Tor wurde durch die Mauer buchstäblich aus dem Verkehr gezogen. Baugeschichtlich ist das Brandenburger Tor von Bedeutung, weil mit ihm der Klassizismus begann und sogleich seinen Höhepunkt erreichte. Carl Gotthard Langhans schuf es 1788–1791.

The Brandenburg Gate, cut off by the wall, at present only serves to mark the border between East and West Berlin.

La porte de Brandebourg et le mur qui l'entoure à l'Ouest constituent la frontière qui sépare Berlin-Est de Berlin-Ouest.

Links: *Die Karl-Marx-Allee*, die frühere Frankfurter Allee zwischen Alexanderplatz und Frankfurter Tor, die nach dem Kriege zunächst Stalinallee hieß, gilt als eine der Prachtstraßen von Ost-Berlin. Hier begann der Wiederaufbau dieses Teiles der Stadt nach den ausgedehnten Zerstörungen durch Bombenkrieg und Beschuß.

Left: Karl-Marx-Street, formerly called the Frankfurter Allee, is one of the showpieces of East Berlin.

A gauche: La rue Karl-Marx, autrefois Allée Francfort, est une des rues de parade de Berl Est.

Unten: *Die Straße Unter den Linden* war die repräsentativste Straße im Vorkriegs-Berlin. Sie verlief in einer Breite von 60 m vom Lustgarten bis zum Brandenburger Tor. Heute ist diese Straße nicht wiederzuerkennen, wenn auch einige der bekanntesten Bauten wiederhergestellt werden konnten, so die Neue Wache und das Zeughaus (Bild).

Below: Unter den Linden, which used to be the most famous avenue in prewar *Berlin*. A few of the public buildings, like the ones shown here, have been restored, but the street is only a shadow of its former self.

En bas: Unter-den-Linden, qui fut autrefois la rue la plus luxueuse de *Berlin,* garde quelquesuns des bâtiments les plus célèbres de Berlin, dont certains ont été restaurés en particulier «la Nouvelle Garde» et «l'Arsenal».

Rechts: *Das Stadtzentrum von Ost-Berlin.* Auf unserem Bild vom Zentrum Ost-Berlin findet man nur noch wenige Gebäude aus der Vorkriegszeit, namentlich das Rote Rathaus, einst Sitz des Berliner Oberbürgermei sters und der Stadtverwaltung, mit seinem 94 m hohen Turm. Alle anderen Bauten sind neuen Datums. Das Bild beherrscht der Fernsehturm, das neue Wahrzeichen Ost-Berlins. Das Hochhaus rechts dahinter ist das neue Hotel „Stadt Berlin".

Right: The city centre of East Berlin, with the Red Townhall, the 362 m-high television towe and the City of Berlin Hotel.

A droite: Le centre de Berlin-Est avec l'Hôte de Ville rouge, la tour de la télévision haute d 362 m et l'hôtel «Ville de Berlin».

Der Berliner Dom, 1894–1905 im Stil der italienischen Hochrenaissance erbaut, wurde im Krieg erheblich beschädigt; das Dominnere, das Dach und die Kuppel wurden zerstört. Der Wiederaufbau ist im Gange.

Berlin Cathedral, built at the turn of the century in Italian Renaissance style. It suffered considerable damage during the war, but rebuilding is now in progress.

La cathédrale de Berlin qui fut construite autour de 1900 en style Renaissance italienne a été sérieusement endommagée pendant la guerre. Sa restauration est en voie d'achèvement.

Oben: *Die Nationalgalerie*
auf der Museumsinsel gehört
zu der großen Baugruppe von
Museen auf der Museumsinsel.

Above: The National Gallery on
'Museum Island'.

En 'haut: La galerie national à
l'île de musée.

Rechts: *Der Pergamon-Altar*
ist das bedeutendste Schaustück
im Pergamon-Museum, das
1912–1930 errichtet wurde,
um den kostbaren Pergamon-
Altar aus der gleichnamigen
antiken Stadt in Kleinasien
aufstellen zu können.

Right: The *Pergamon Altar*.

A droite: *L'Autel de Pergamon*.

Rechts: Der heutige Alexanderplatz ist d[...] Zentrum von Ost-B[...]

Right: The Alexand[...] platz, nowadays the [...] square in the centre [...] East Berlin.

A droite: L'actuelle «Place Alexandre» (Alexanderplatz) es[...] centre de Berlin-Est[...]

Oben: *Die Marienkirche* am Fuße des Ost-Berliner Fernsehturms gehört zu den ältesten Baudenkmälern Berlins.

Above: The Marienkirche is one of Berlin's oldest surviving architectural monuments.

En 'haut: L'Eglise Sainte-Marie (Marienkirche) est aujourd'hui un des plus vieux édifices de Berlin.

Der Tierpark Friedrichs-felde liegt im Gebiet des Schloßparks Fried-richsfelde. Mit seinen gärtnerischen Anlagen und Tierbeständen ist er für die Bewohner von Ost-Berlin ein gern aufgesuchter Ort zur Erholung und Zer-streuung.

In Friedrichsfelde Zoo-logical Gardens in East Berlin.

Le Zoo «Friedrichs-felde» à l'Est de Berlin.

Werder an der Havel, ein Städtchen westlich von Potsdam, war für die Berliner zu allen Zeiten ein beliebter Ausflugsort. Heute können nur noch die Ost-Berliner das tradi-tionelle „Blütenfest" dieses Obstbaugebietes besuchen.

Werder on the Havel used to be a favourite spot for an outing from Berlin. Nowaday it is only accessible to people from East Berlin.

Werder an der Havel, en tous temps lieu d'excur-sion préféré des Berlinois n'est accessible aujourd 'hui que pour les habi-tants de Berlin-Est.

Schloß Sanssouci in Potsdam. Schon der Große Kurfürst machte Potsdam zur zweiten Hohenzollernresidenz und ließ dort ein Schloß bauen. Aber zur wirklichen Residenz wurde es erst durch Friedrich den Großen, der dem Neuen Palais die endgültige Gestalt gab und auch das Gartenschloß Sanssouci inmitten schöner Parkanlagen mit Terrassen und Wasserkünsten nach französischem Muster errichten ließ.

The Palace of *Sanssouci* in Potsdam was built by Frederick the Great in a setting of beautiful formal gardens.

Le château d'été de *Sanssouci* à Potsdam a été érigé à la demande du Roi Frédéric-le-Grand au milieu de très beaux parcs.

Oben: *Der Spreewald*, ein beliebtes Ausflugsziel vor den Toren Berlins.

Above: The *Spreewald* district.

En 'haut: La région de *Spreewald*.

Rechts: *Düsseldorf*, die Hauptstadt des Bundeslandes Nordrhein-Westfalen, nimmt heute mit 683 000 Einwohnern die sechste Stelle unter den deutschen Großstädten ein und ist Verwaltungssitz vieler Industriekonzerne und Wirtschaftsverbände.

Right: Aerial view of *Düsseldorf*, principal town of North Rhine-Westphalia with a population of 683,000.

A droite: Vue aérienne de *Düsseldorf*, capitale du Land de Rhénanie-du-Nord-Westphalie qui compte 683 000 habitants.

Links und rechts des Rheins

Down Both Sides of the Rhine
Sur les rives du Rhin

Oben und rechts: *Moderne Bürohochhäuser in Düsseldorf*. In der Metropole der Rhein-Ruhr-Industrie erhielten die gefragtesten Architekten der Gegenwart Gelegenheit, den Stil unseres Industriezeitalters in monumentalen Hochbauten zu prägen.

Above and right: Modern office blocks in Düsseldorf.

En'haut et à droite: Les immeubles de bureaux modernes à Düsseldorf.

Oben: *Das neue Universitätszentrum in Köln.*

Above: The new University Complex in Cologne.

En 'haut: Le nouveau centre universitaire de Cologne.

Rechts: *Köln mit Dom und Rheinbrücken.*

Right: Cologne, showing the Cathedral and Rhine Bridges.

A droite: Cologne, la cathédrale et les ponts du Rhin.

Links: *Die Hohe Straße in Köln.* Die Kölner Altstadt war im letzten Kriege weitgehend zerstört worden, und damit verlor die Stadt viel von ihrem Reiz. Inzwischen hat sie jedoch durch einen großzügigen Wiederaufbau ein neues Gesicht erhalten, und dabei wurde auch Bedacht genommen, daß das frühere Gesicht der Innenstadt bis zu einem gewissen Grade wiederhergestellt wurde. So hat auch die Hohe Straße nahe dem Dom, die Hauptgeschäftsstraße der Altstadt, ihre einstige Bedeutung behalten. Sie ist für den Fahrverkehr gesperrt, wurde also in eine ausgedehnte Fußgängerzone einbezogen.

Left: The High Street in Cologne. Back in the time of the Roman occupation it was the main street in their garrison town, and nowadays it is part of an extension pedestrian zone.

A gauche: La rue haute à Cologne qui, du temps des Romains, était déjà la rue principale de la colonie militaire, fait partie aujourd'hui de la zone piétonnière.

Oben: *Die Vorhalle des Kölner Rathauses.* An dem in seinen Anfängen bis 1349 zurückreichenden Rathaus der Stadt Köln ist in verschiedenen Jahrhunderten gebaut worden. Einen sehenswerten Schmuck stellt die von Wilhelm Vernukken 1569–1573 im Renaissancestil geschaffene Rathauslaube dar, das sogenannte „Doxal", von dessen Obergeschoß aus die Bürgermeister dem Volke die Ratsbeschlüsse zu verkünden pflegten.

Above: The entrance of Cologne Townhall, a 16th Century loggia in the Renaissance style.

En 'haut: Le porche de l'Hôtel de Ville de Cologne, arcade de style Renaissance datant du 16ème Siècle.

Oben: *Großkraftwerk in Niederaußem*. In dem Gebiet westlich von Köln, in dem ein ergiebiger Braunkohlen-Tieftagebau betrieben wird, bestimmen das Gesicht der kleinen Industriegemeinde Niederaußem gewaltige Großkraftwerke, die mit ihren Bauten einen seltsamen Akzent in die monotone Landschaft setzen.

Above: Power station in *Niederaußem*.

En haut: Centrale électrique à *Niederaußem*.

Rechts: *Schloß Augustusburg bei Brühl*, eine kurfürstliche Schöpfung, mit seiner Innenausstattung ein schönes Beispiel für den süddeutsch-italienischen Barock und den Rokokostil. Erbauer war Kurfürst Clemens August. Es ist eine dreiflügelige Anlage, die heute häufig als Rahmen für große Staatsempfänge dient.

Right: The Augustusburg, a palace built at *Brühl* by the Elector Clemens August. The interior, with its rococo decoration, is a fine example of Italianate South German Baroque.

A droite: Le château d'Augustusburg près de *Brühl*, construit par l'Electeur. L'intérieur du château est un bel exemple du Baroque de l'Allemagne du Sud et italien et du style Rococo.

Oben: *Das Regierungsviertel in Bonn*, das sich unmittelbar am Rhein entlangzieht, hat im Laufe des Vierteljahrhunderts, das seit der Gründung der Bundesrepublik Deutschland vergangen ist, immer neue Ausbauten erfahren. Es bildet heute einen umfangreichen Gebäudekomplex, der zusammen mit dem Palais Schaumburg, Sitz des Bundeskanzlers, der Villa Hammerschmidt, dem Haus des Bundespräsidenten, den sich nach Norden anschließenden anderen Ministerien das Regierungszentrum beherbergt.

Above: Bird's eye view of the seat of government in Bonn, showing the Bundeshaus, Abgeordnetenhaus and the Press Centre.

En haut: Vue aérienne du quartier gouvernemental à Bonn avec le palais gouvernemental, la chambre des députés et le centre de la presse.

Rechts: *Bonn, Markt mit Rathaus*. Obwohl Bonn nach dem letzten Kriege als Bundeshauptstadt rasch gewachsen ist, besitzt es eine alte Innenstadt von seltenem Reiz. Mittelpunkt ist der Markt mit dem Rathaus, das 1737/38 erbaut wurde. Die doppelläufige Freitreppe mit dem schmiedeeisernen Gitter ist eine besondere Zierde der Fassade. Der Marktplatz gehört heute zu einer Fußgängerzone, die einen Bummel durch die Bonner Altstadt zu einem reinen Vergnügen macht.

Right: Bonn Townhall, built in 1737/38, in a characteristic setting beside the marketplace in the centre of the Old Town.

A droite: L'Hôtel de Ville de Bonn construit de 1737 à 1738 est situé au centre de la vieille ville à la pittoresque Place du Marché.

Oben: *Ruine der alten Zisterzienserabtei Heisterbach im Siebengebirge.* Nur wenige Kilometer von Königswinter am Fuße des Siebengebirges entfernt liegen in einem abgeschiedenen Waldtal die Überreste einer einstigen Zisterzienserabtei. Das Bauwerk, das im wesentlichen in frühgotischem Stil Anfang des 13. Jahrhunderts entstand, ist eine der bedeutendsten Anlagen der Zisterzienser in Deutschland.

Above: Ruins of the Cistercian monastery of *Heisterbach* in the Siebengebirge, a region of seven hills near Königswinter.

En 'haut: Les ruines de l'Abbaye cistercienne *Heisterbach* dans la région Siebengebirge de style Gothique primitif.

Rechts: *Schloß Burg an der Wupper.* Oberhalb des Städtchens Burg an der Wupper im Bergischen Land erhebt sich eindrucksvoll über dem Flußtal die wohlerhaltene Anlage des Stammschlosses der Grafen von Berg. Es ist eine Gründung des Grafen Adolf aus dem Jahre 1130. Die äußeren Befestigungsanlagen und die Kernbauten der Burg wurden nach ihrer Zerstörung gegen Ende des Dreißigjährigen Krieges erneuert.

Right: Aerial view of Burg Castle on the River Wupper, showing the well maintained state of the buildings which were formerly the seat of the Dukes of Berg.

A droite: Vue aérienne du château Burg an der Wupper. On y distingue très nettement les vestiges du château natal du Comte de Berg.

Oben: *Die Schwebebahn von Wuppertal.* Die am Nordrand des Bergischen Landes gelegene Industriegroßstadt Wuppertal besitzt in ihrer Schwebebahn, deren Eisenkonstruktion größtenteils dem Lauf der Wupper folgt und die auf einer Strecke von 14 km die verschiedenen Stadtteile miteinander verbindet, ein originelles Verkehrsmittel, das es auf der ganzen Welt nicht noch einmal gibt.

Above: *Wuppertal's* overhead suspension railway which follows the course of the River Wupper through the town for about 14 km.

En 'haut: Le train aérien de *Wuppertal* qui suit presque exactement le cours de la Wupper sur plus de 14 km à travers la ville.

Rechts: *Das Ahrtal zwischen Altenahr und Maschoß.* Unter den zahlreichen Seitentälern des mittleren Rheins ist das Ahrtal eines der landschaftlich reizvollsten. Die in der Eifel oberhalb Blankenheim entspringende Ahr sägt sich windungsreich durch den hier Ahr-Gebirge genannten nördlichen Teil der Eifel hindurch und ergießt sich nach nur 90 km langem Lauf bei Kripp in den Rhein. In dem meist engen, tief eingeschnittenen Tal wachsen die berühmten roten Ahrweine.

Right: The valley of the *Ahr* winds its way through the northern part of the Eifel until the river eventually joins the Rhine near Kripp.

A droite: *L'Ahr* trace sa vallée sinueuse à travers le massif Nord de l'Eifel pour se jeter dans le Rhin près de Kripp.

Rechts: *Burg Wied über Runkel an der Lahn.* Von den Zuflüssen des Rheins bildet die Lahn eines der romantischsten Täler. Sie entspringt schon im Rothaargebirge und bahnt sich in einem überwiegend engen, vielgewundenen Lauf von Burgen, Ruinen und Kirchen gesäumt, ihren Weg durch die deutsche Mittelgebirgsschwelle, an Marburg, Gießen, Wetzlar, Limburg, Nassau und Bad Ems vorbei zum Rhein, in den sie sich bei Lahnstein ergießt. Eine der markantesten Burgen, die das Lahntal beherrschen, ist die Burg Wied über Runkel.

Right: Runkel on the River Lahn, with Wied Castle.

A droite: Runkel an der Lahn avec le château de Wied.

Oben: *Das Münster in Aachen*, Inneres des Oktogons. Mit seiner Lage am Rande der Eifel und nahe der niederländischen und belgischen Grenze ist Aachen die westlichste Großstadt in Deutschland. Daß es sich schon in der Römerzeit zu einer blühenden Siedlung entwickelte, verdankt es seinen zahlreichen schwefelhaltigen Kochsalzthermen. Aachen wurde der Lieblingssitz Karls des Großen. Die achteckige Palastkapelle des Kaisers bildet das Kernstück des berühmten Domes; sie ist das wichtigste Beispiel karolingischer Baukunst.

Above: *Aachen* minster is built around this octagonal chapel dating from the time of Charlemagne. It is a unique example of Carolingian architecture.

En 'haut: L'Octogone de la cathédrale d'*Aix-la-Chapelle* date du temps de Charlemagne. C'est l'exemple le plus pur de l'Architecture carolingienne.

Rechts: *Dietkirchen,*
St. Lubentius über der Lah
Neben den Burgen erhebe
sich auf den Ufern der
Lahn auch eindrucksvolle
Kirchenbauten. In herrlich
Lage auf einem steilen
Kalkfelsen über dem Dorf
Dietkirchen wurde vom
11. bis 13. Jahrhundert
die Stiftskirche St. Lubent
und Juliana erbaut, in der
unter dem Hochaltar der
Steinsarg des Apostels
Lubentius beigesetzt ist,
der im 4. Jahrhundert im
Lahntal missionierte.

Right: The Abbey of
St. Lubentius in *Dietkirche*
über der Lahn.

A droite: L'Eglise collégial
St-Lubentius à *Dietkirchen*
über der Lahn.

Oben: *Weilburg an der Lahn*, ein reizvoller, vielbe-
suchter Ort an der Lahn, besitzt ein Schloß, dessen
Ursprünge schon auf 912 zurückgehen. 1355 wurde
Weilburg Residenz von Nassau-Weilburg. Die ausgedehnten Schloßanlagen stammen aus dem 16. bis
19. Jahrhundert.

Above: The Palace of *Weilburg an der Lahn.* Most
of the present layout dates from the 16th to 19th
Century.

En 'haut: Le château de *Weilburg an der Lahn* date
en grande partie de 16ème et du 19ème Siècle.

Oben: *Bad Ems* ist der berühmteste Kurort an der Lahn. Seine Thermalquellen waren schon den Römern bekannt. Das Bad wurde einst von Fürstlichkeiten viel besucht; hier gab am 13. Juli 1870 der preußische König Wilhelm I. dem französischen Botschafter Benedetti die Antwort, die zum Kriege 1870/71 führte – wie eine Plakette im Kurgarten besagt.

Above: Bad Ems, a town which has been famous as a spa for several hundred years, situated at the confluence of the Lahn and the Rhine.

En 'haut: Bad Ems, station thermale célèbre depuis des siècles située près de l'embouchure de la Lahn dans le Rhin.

Rechts: *Die Kaiserthermen in Trier*. Gegen Ende der Römerzeit war Trier, die Augusta Treverorum (die Treverer waren ein Keltenstamm), eine glanzvolle Großstadt, in der bis in das 5. Jahrhundert römische Kaiser residierten. Es wurden von ihnen großartige Bauten errichtet, und es herrschte ein verschwenderischer Luxus. Von den Kaiserthermen sind nur noch Ruinen vorhanden.

Right: The Imperial Baths in *Trier*, a remnant of the glorious past of this city which was the residence of the Roman Emperors up until the 5th Century AD.

A droite: Les Thermes impériaux à *Trèves*, vestiges de la magnificence de cette ville où résidèrent les empereurs romains jusqu'au 5ème siècle après J. C.

Die Mosel und ihre Burgen. Das Landschaftsbild der Mosel wird von den Weinbergen und den zahlreichen Burgen geprägt. Fast jeder Ort wird von einer Burg oder Burgruine gekrönt. Einige von ihnen sind noch bewohnt, wie die 1027 begründete, 1689 von den Franzosen zerstörte und im 19. Jahrhundert wiederaufgebaute Burg Cochem (unten) und die malerisch gelegene Burg Eltz (gegenüberliegende Seite), die Stammburg des gleichnamigen Grafengeschlechts und seit 1157 in dessen Besitz. Von vielen der alten Adelssitze über der Mosel sind jedoch nur noch Ruinen vorhanden, die daran erinnern, daß in den Eroberungskriegen des französischen „Sonnenkönigs" Ludwig XIV. die meisten von ihnen zerstört wurden.

Nowadays a great many of the castles along the *Moselle* are nothing more than picturesque ruins. But the castles of Cochem (below) and Eltz (opposite page) are among the small number that were rebuilt after being destroyed during the campaigns of Louis XIV.

Beaucoup des châteaux au bord de la *Moselle* ne sont plus aujourd'hui que des ruines pittoresques. Peu d'entre eux ont été reconstruits après leur destruction lors des guerres d'annexion de Louis XIV; parmi ces derniers, les châteaux de Cochem et d'Eltz.

Unten: *Bernkastel* ist einer der bekanntesten Orte an der Mosel. Sein Marktplatz ist ein stimmungsvoller Winkel mit alten Fachwerkhäusern und einem schönen Renaissancebrunnen.

Below: The marketplace in *Bernkastel* on the Moselle, an evocative little corner with its half-timbered houses and an elegant Renaissance fountain.

En bas: La Place du Marché à *Bernkastel* au bord de la Moselle, un coin poétique avec ses vieilles maisons à pans de bois et sa belle fontaine de style Renaissance.

Rechts: *Die Burg Katz über St. Goarshausen* ist eine der vielen Burgen, die sich auf beiden Ufern des Rheins erheben. Auf unserem Bild ist ganz links der Steilabsturz der Loreley zu erkennen.

Right: *Katz Castle* and the famous Loreley Rock near St. Goarshausen.

A droite: Le *château de Katz* près de St. Goarshausen avec le rocher de la Loreley.

Die Marksburg oberhalb Braubach gehört zu den stattlichsten und besterhaltenen Burganlagen am mittleren Rhein. Die auf steilem Bergkegel thronende Feste, die im 13. Jahrhundert erbaut und verschiedentlich erweitert wurde, ist nie erobert und zerstört worden. Sie bewahrt eine umfangreiche Waffensammlung und das Deutsche Bürgarchiv.

The *Marksburg* is the best preserved castle on the Rhine, situated above Braubach. It was never taken and has survived completely intact.

Le *château de Marksburg* au-dessus de Braubach est le château le mieux conservé des châteaux du Rhin. Il n'a jamais été conquis et resta intact.

Die Burgruine Ehrenfels gegenüber von Bingen ist unter den Burgen am Rhein eine der bekanntesten, und zwar weniger als Bauwerk als hauptsächlich wegen ihrer malerischen Lage auf halber Höhe eines Steilhanges des Rheingau-Gebirges inmitten von Weinbergen. Im 14. Jahrhundert diente sie als kurmainzische Zollburg; unterhalb der Burg wurden die Schiffe zur Zollentrichtung gestoppt. Ihre Zerstörung geht auf das Konto der Franzosen während des Pfälzischen Erbfolgekrieges.

The ruined castle of Ehrenfels, set picturesquely on a hilltop and surrounded by vineyards in the Rheingau opposite Bingen.

Les ruines du château d'Ehrenfels en face de Bingen se dressent majestueusement sur une pente escarpée de la vallée du Rhin au milieu de vignobles.

Blick auf Bingen und Bingerbrück links und rechts der Nahemündung.

Looking down on Bingen and Bingerbrück, small townships to the left and right of the mouth of the River Nahe.

Vue sur Bingen et Bingerbrück à gauche et à droite de l'embouchure de la Nahe.

Rechts: *Auf dem Rotenfels bei Bad Münster am Stein.* Der senkrecht ins Nahetal abfallende Rotenfels ist ein berühmter Aussichtspunkt, von dem aus man das ganze „Salinental" überblicken kann.

Right: On the high cliffs of the Rotenfels near Bad Münster am Stein.

A droite: Sur le Rotenfels près de Bad Münster am Stein.

Links: *Kloster Eberbach im Rheingau.* Das ehemalige Kloster mit einer Kirche von 11. und wohlerhaltenen Klostergebäuden ist heute Staatsweingut.

Left: *Eberbach* Monastery in the Rheingau.

A gauche: L'ancien couvent d'*Eberbach* dans la vallée du Rhin.

Oben: *Die Brückenhäuser in Bad Kreuznach.* Das auf beiden Seiten der hier von roten Porphyrfelsen eingeengten Nahe gelegene Bad Kreuznach ist der größte unter den Kurorten im „Salinental".

Above: This small group of crooked houses standing on the Old Bridge over the River Nahe is one of the sights of *Bad Kreuznach.*

En 'haut: Sur le vieux pont de la Nahe à *Bad Kreuznach* il y a quelques vieilles maisons penchées qui font partie des curiosités de la ville.

Rechts: *Das Saartal bei Mettlach.* Den endlosen Waldungen links und rechts der Saar sieht man es nicht an, daß in unmittelbarer Nähe, in und bei Mettlach und Merzig, große Industriewerke liegen.

Right: The wooded valley of the Saar near Mettlach.

A droite: La vallée très boisée de la Sarre près de Mettlach.

Rechts: *Mannheim*, die ehemalige pfälzische Residenzstadt, eine Gründung des Kurfürsten Friedrich IV., hat sich infolge seiner günstigen Lage am Rhein zur führenden Handels- und Industriestadt Südwestdeutschlands emporgeschwungen. Die Hafenanlagen gehören zu den größten im europäischen Binnenland. Im Herzen der schachbrettartig angelegten Stadt liegt der Friedrichsplatz mit dem Wahrzeichen von Mannheim, dem Wasserturm und der großen Springbrunnenanlage.

Right: The Friedrichsplatz in Mannheim with its water tower and fountains.

A droite: La «Friedrichsplatz» à Mannheim avec la tour d'eau et la fontaine.

Oben: *Der Mainzer Dom.* Der größtenteils aus dem 11. bis 13. Jahrhundert stammende gewaltige sechstürmige Dom in Mainz gehört zusammen mit den Domen in Worms und Speyer zu den Höhepunkten der romanischen Baukunst.

Above: Mainz Cathedral ranks with the cathedrals of Worms and Speyer as one of the supreme achievements of Romanesque architecture.

En 'haut: Avec les cathédrales de Worms et de Spire, la cathédrale de Mayence fait partie des édifices les plus colossales de l'Architecture romane.

Links: *Der Aerobus von Mannheim* ist im Zusammenhang mit der Bundesgartenschau gebaut worden. Er verbindet die beiden Gartenschau-Bereiche Luisenpark und Herzogenried miteinander.

Left: The Aerobus in Mannheim.

A gauche: L'Aérobus de Mannheim.

Rechts: *Der Dom von Speyer.* 1030 von dem deutschen Kaiser Konrad II. gegründet, diente dieser Dom bis ins 14. Jahrhundert hinein als Begräbnisstätte vieler Kaiser und Kaiserinnen.

Right: *Speyer* Cathedral standing on the edge of the town beside the Rhine in a setting of riverside trees.

A droite: La cathédrale de *Spire* est située en-dehors de la ville au milieu des forêts de la rive du Rhin.

Unten: *Das großherzogliche Schloß in Karlsruhe* kann nicht als Bauwerk für sich betrachtet werden. Markgraf Karl Friedrich von Baden-Durlach (1738–1811) und sein Vater Karl Wilhelm stellten die dreiflügelige Anlage in das Zentrum eines Systems von radial verlaufenden Straßen, in dem die neue, nach dem Herrscher „Karlsruhe" genannte Stadt geplant wurde.

Below: The Palace of the Grand Duke in *Karlsruhe*, designed in three sections at the centre of a radial system of streets.

En bas: Le château grand-ducal de *Karlsruhe*, une construction à trois aîles constituant le centre d'un système radial de routes.

Links: *Die Burg Bernwardstein im Pfälzer Wald* ist eine der vielen Burgen im sogenannten Wasgau und in der Pfalz. Im 14. Jahrhundert war sie ein gefürchtetes Raubnest von adligen Wegelagerern.

Left: *Berwartstein Castle* in the Palatinate.

A gauche: Le *château de Berwartstein.*

Rechts: *Das Freiburger Münster* und insbesondere sein filigranartig durchbrochener Turm aus der ersten Hälfte des 14. Jahrhunderts gehören zu den genialsten Schöpfungen der deutschen Gotik.

Right: Freiburg Minster.

A droite: La cathédrale de Fribourg-en-Brisgau.

Unten: *Das Hambacher Schloß an der Weinstraße* wurde im 11. Jahrhundert in schöner Lage von den Saliern errichtet. Durch das „Hambacher Fest" ist es in die Geschichte eingegangen, eine Massenkundgebung der süddeutschen Liberalen für das „konföderierte republikanische Europa" im Jahre 1832.

Below: Hambach Castle along the Weinstrasse.

En bas: Le château d'Hambach sur la route du vin.

Links: *Freiburg, Blick vom Münsterturm zum Schwabentor.* Daß die Stadt Freiburg durch die Zerstörung im Bombenkrieg viele ihrer alten schönen Gebäude verloren hat, sieht man ihr heute nach dem wohlüberlegten Wiederaufbau nicht mehr an. Eine Reihe von charakteristischen sakralen und profanen Bauten wurde sorgfältig restauriert. Eines der repräsentativsten Stadttore ist das Schwabentor am Ende der Salzstraße, das die umliegenden Häuser hoch überragt.

Left: The Schwabentor, one of the old town gates of Freiburg im Breisgau, seen from the top of the Minster.

A gauche: La porte «Schwabentor» à Fribourg.

Oben: *Die neuen Universitätsbauten in Freiburg.* Die traditionsreiche Albert-Ludwigs-Universität in Freiburg hat in den letzten Jahren einige beispielhafte moderne Neubauten erhalten. Unser Bild zeigt das neue Kollegiengebäude.

Above: The Collegiate Building, one of the distinctive new sections added to the old University of Freiburg.

En 'haut: Les nouveaux bâtiments universitaires à Fribourg: sur notre photo le bâtiment des salles de cours.

Oben: *Im Kaiserstuhl, Blick zum Totenkopf.* Der mitten aus der Oberrheinebene emporragende Kaiserstuhl ist ein altes Vulkangebirge, in dem man den Kraterrand und die tiefe Kratermulde noch gut erkennen kann. Heute ist er eine liebliche Hügellandschaft, rebenumsponnen und sonnendurchleuchtet, und der auf mächtigen Lößschichten wachsende „Kaiserstühler Wein" wird von Kennern besonders geschätzt. Auf unserem Bild geht der Blick über die Weinberge zum Totenkopf hinüber, der mit 557 m höchsten Erhebung im Kaiserstuhl.

Above: The *Kaiserstuhl*, a volcanic outcrop in the middle of the Rhine Plain.

En 'haut: Dans la région du *Kaiserstuhl,* massif montagneux volcanique en plein centre de la plaine du Haut-Rhin.

Rechts: *Im Schwarzwald; Blick vom Schauinsland zum Feldberg.* Der Schauinsland ist der Hausberg der Freiburger. Die 1284 m Höhe sind auf der berühmten kurvenreichen Schauinslandstraße, auf der Auto- und Motorradrennen ausgetragen werden, schnell zu erreichen, und von dort oben hat man einen unvergeßlichen Rundblick, der den Namen des Berges rechtfertigt. Auf unserem Bilde sehen wir über die verschneiten Höhen des Südschwarzwaldes bis zum Feldberggipfel (1493 m).

Right: From the Schauinsland near Freiburg you can look across the rolling hills of the southern Black Forest to the summit of the Feldberg, 1493 m above sea level.

A droite: Du Mont «Schauinsland» près de Fribourg on aperçoit les larges étendues du Massif de la Forêt-Noire du Sud et le sommet du Feldberg d'une altitude de 1493 m.

196

Links: *Die Bauernhöfe im Schwarzwald* sind als Abart des Alpenhauses anzusehen. Der hier gezeigte Bauernhof steht im Gutachtal.

Left: Typical Black Forest farmhouse in the Gutachtal.

A gauche: Une ferme typique de la Forêt-Noire dans la vallée de la Gutach.

Unten: *Das neue Schloß in Baden-Baden,* von dessen Terrasse man über die Stadt nach Lichtental und zum Merkur (670 m) blickt, wurde 1479 begonnen. Es war zeitweilig Wohnsitz der früheren großherzoglichen Familie und dient heute als Heimatmuseum.

Below: The New Palace at *Baden-Baden.* From the Terrace there is a distant view of the Merkur, rising above the Lichtental.

En bas: Le nouveau château à *Baden-Baden:* de sa terrasse on aperçoit Lichtental et le Mont Merkur.

Rechts: *Schwarzwälder Bauernstuben* wie diese sind nicht mehr allzu häufig. Die hier gezeigte befindet sich in der heimatkundlichen Sammlung in Villingen.

Right: Interior of old Black Forest farmhouse.

A droite: L'intérieur d'une vielle ferme dans la Forêt-Noire.

Unten: *Freudenstadt im südlichen Schwarzwald* ist eine der besuchtesten Sommer- und Winterkurorte im nördlichen Schwarzwald. Durch großzügige Wiederaufbauarbeit ist aus den Trümmern nach dem Kriege ein neues Stadtbild hervorgegangen.

Below: The winter and summer resort of Freudenstadt in the central Black Forest.

En bas: La station thermale Freudenstadt en Forêt-Noire centrale est ouverte en toute saison.

Oben: *Säckingen am Hochrhein.* Der den Schwarzwald im Süden begrenzende Teil des Rheins von Basel bis zum Bodensee wird Hochrhein genannt. Er bildet die Grenze gegen die Schweiz. Von dem alten Städtchen Säckingen führt eine alte Holzbrücke auf das Schweizer Ufer hinüber.

Above: *Säckingen* on the Hochrhein, with its old wooden bridge.

En 'haut: *Säckingen* dans le Haut-Rhin avec son vieux pont en bois.

Rechts: *Schloß Bürresheim in der Eifel.* Das türmereiche Bauwerk, das in seinen wesentlichen Teilen aus dem 11. und 16. Jahrhundert stammt, ist wohlerhalten und vermittelt ein eindrucksvolles Bild von der Lebensweise und der Wohnkultur früherer Zeiten.

Right: Bürresheim Castle in the Eifel region.

A droite: Le château de Bürresheim dans l'Eifel.

Oben: *Der Nürburgring* in der Eifel gehört zu den berühmtesten Rennstrecken für Autos und Motorräder auf der ganzen Welt.

Above: The Nürburgring in the Eifel is one of the most famous motorcycle and motor racing circuits in the world.

En 'haut: La piste de cours «Nürburgring» dans l'Eifel.

Rechts: *Manderscheid*, ein Glanpunkt in der Vulkanischen Eifel besitzt zwei malerische Burgruil die Oberburg und die Niederbu

Right: The ruins of Oberburg and Niederburg near Manderscheid.

A droite: Les châteaux d'Oberbu de Niederburg près de Mandersc

Links: *Das Städtchen Gerolstein in der Eifel* liegt in einem von bizarren Felsbildungen umgeber Tal. Sie sind teils vulkanischen Ursprungs, teils aber Dolomitfel und Korallenriffe, die entstande als urzeitliche Meere das Eifelge überschwemmten.

Left: *Gerolstein* in the Eifel.

A gauche: *Gérolstein* dans l'Eifel

202

Links: *Die Rur- und Urfttalsperre* in der Westeifel, eines der größten Talsperrensysteme Deutschlands. Ihr Seenkomplex füllt auf einer Strecke von 23 km ein windungsreiches Tal und hat ein Fassungsvermögen von 205 Millionen cbm.

Left: The Rur/Urft dam in the western Eifel.

A gauche: Le barrage de «Rur- und Urfttalsperre» dans l'Eifel.

Oben: *Sauerland-Autobahn-Brücke* über die Doll bei Sechshelden. Die Trassenführung durch den Westerwald und das Sauerland war durch die zahlreichen Brücken eine der schwierigsten und kostspieligsten im ganzen deutschen Autobahnnetz.

Above: The Sauerland Autobahn near Sechshelden.

En 'haut: L'autoroute de Sauerland près de Sechshelden.

Oben: *Limburg an der Lahn;* hoch über dem Fluß der siebentürmige Dom zu Limburg, eines der schönsten Beispiele des Übergangsstils von der Romantik zur Gotik.

Above: Limburg Cathedral.

En 'haut: La cathédrale à Limburg.

Rechts: *Der Edersee* nordwestlich von Bad Wildungen ist als Talsperre erst zu erkennen, wenn man vor der 400 m langen und 48 m hohen Staumauer steht.

Right: Man-made lake Eder.

A droite: Le barrage d'Edersee.

Links: *Freudenberg im Siegerland* ist eine Sommerfrische, die durch viele liebevoll gepflegte Fachwerkhäuser ihren Reiz hat.

Left: Freudenberg in the Siegerland.

A gauche: Freudenberg à Siegerland.

Rechts: *Luftaufnahme vom Großen Feldberg*, der mit 881 m höchsten Erhebung im Taunus. Er trägt auf seinem unbewaldeten Gipfel neben einem Hotel Fernmelde- und Sendeeinrichtungen der Bundespost. Von dort oben hat man einen weiten Rundblick bis zum Spessart und zur Eifel, an klaren Tagen sogar bis zu den Vogesen. Im Maintal ist das Häusermeer von Frankfurt zu erkennen.

Right: Aerial view of the summit of the Grosser Feldberg in the Taunus.

A droite: Vue aérienne du sommet du Grand Feldberg (Große Feldberg) dans le Taunus.

Oben: *Das Schloß Wilhelmshöhe* bei Kassel liegt in einem herrlichen Bergpark am Ostabhang des Habichtswaldes. Die Anlagen ziehen sich mit ihren Wasserkünsten – einem Wasserfall und großartigen Kaskaden – bis zu dem hier gezeigten Oktogon hinauf, das von einer 10 m hohen Herkulesfigur gekrönt wird.

Above: Wilhelmshöhe Castle near Kassel is surrounded by sloping gardens laid out with pools and waterfalls.

En 'haut: Le château de Wilhelmshöhe près de Kassel est construit au milieu d'un parc en pente agrémenté de nombreuses pièces d'eau.

Oben und rechts: *Kronberg im Taunus.* Hoch über dem vielbesuchten Städtchen Kronberg erhebt sich eine der schönsten Burgen in Hessen, deren beherrschendes Merkmal der 46 m hohe Bergfried ist. Die Burganlage entstand zwischen 1200 m und 1500. Besonders sehenswert ist die Burgküche mit ihrem Tonnengewölbe, alten Geräten und einer Brunnenanlage.

Above and right: One of the finest castles in Hesse is at Kronberg in the Taunus.

En 'haut et à droite: La ville de Kronberg dans le Taunus possède un des plus beaux châteaux de Hesse.

Links: *Wiesbaden* am Fuße des Taunus-Westhanges, die hessische Landeshauptstadt, ist mit 27 Thermalquellen unter den zahlreichen Taunusbädern das bedeutendste. Den kolonnadenumrahmten Kurhausplatz beherrscht das Kurhaus mit seiner klassizistischen, von mächtigen ionischen Säulen getragenen Vorhalle.

Left: *Wiesbaden* is the most important of the many spa towns in the Taunus. The Kurhaus square is dominated by the massive pillars supporting the entrance to the Kurhaus itself.

A gauche: La place de l'établissement thermal «Kurhausplatz» à *Wiesbaden,* plus importante ville d'eau du Taunus, est dominée par l'imposant bâtiment thermal avec son arcade à colonnes monumentales.

Unten: *Die Saalburg* im östlichen Taunus ist keine Burg im üblichen Sinne, sondern sie stellt die Rekonstruktion eines Kastells aus dem 2. Jahrhundert n. Chr. dar, das die Römer am Limes bauten.

Below: The Saalburg near Bad Homburg, an exact copy of a Roman fort of around the 2nd Century AD.

En bas: Le château de Saalburg près de Bad Homburg, reproduction fidèle d'une citadelle romaine du 2e Siècle après J.C.

Frankfurt am Main, der „Römer". Das Wahrzeichen von Frankfurt am Main ist der „Römer", eine Gruppe von schönen alten Häusern, in denen das alte Rathaus untergebracht war und die noch heute Empfängen und anderen repräsentativen Veranstaltungen dienen.

The 'Römer' has become a traditional symbol of *Frankfurt am Main*.

La caractéristique de *Francfort-sur-le-Main* est sans doute le «Römer».

Der Rhein-Main-Flughafen. Mit dem 1972 nach zehnjähriger Bauzeit eröffneten neuen „Airport" hat Frankfurt den drittgrößten Flughafen Europas erhalten (nur London-Heathrow und Paris-Orly sind größer). Bei Spitzenverkehr bewältigt er mit seinen modernen Anlagen bis zu vierzig Starts und Landungen in der Stunde. Nach seinen Dimensionen kann er 30 Millionen Passagiere jährlich abfertigen; heute sind es 10 Millionen.

Frankfurt's Rhine-Main Airport which came into operation in 1972. On the basis of traffic handling capacity it is the third largest airport in Europe.

Le nouvel aéroport «Rhein-Main-Flughafen» de Francfort qui a été inauguré en 1972, se classe par son importance au troisième rang en Europe.

21

Karolingische Torhalle in Lorsch. Von der großen Klosteranlage in Lorsch, einem berühmten Reichskloster der karolingischen Frühzeit nahe der Bergstraße, sind heute nur die hier gezeigte Torhalle und ein Teil der um 1150 erbauten Vorkirche erhalten. Die Torhalle entstand wahrscheinlich noch zu Lebzeiten Karls des Großen.

This Carolingian portico in *Lorsch* is part of the last remains of what was once a famous monastery going back to the time of Charlemagne.

Le parvis carolingien à *Lorsch* sur la route «Bergstraße», vestige d'un ancien couvent très célèbre de l'Empire, dont les origines remontent au temps de Charlemagne.

Rechts: *Der Dom zu Fulda w...*
1704–1712 von Johann Dien...
zenhofer in prächtigem Baro...
stil erbaut. Im Hintergrund ...
unseres Bildes erkennt man ...
noch aus der karolingischen ...
stammende kleine St. Micha...
Kapelle, ein ehrwürdiges Ze...
romanischen Stils.

Right: Fulda Cathedral, the ...
of the Baroque master Johan...
Dientzenhofer.

A droite: La cathédrale de F...
est une création du maître du ...
style baroque, Johann Dientz...
hofer.

Oben: *Amorbach im Odenwald, Inneres der Abteikirche.*
Amorbach, ein bereits zu Bayern gehöriges Städtchen
im Odenwald, besitzt in seiner ehemaligen Abteikirche
von 1742–1752 eines der überwältigendsten Werke
des Rokokostils.

Above: The fine Abbey Church at Amorbach in the Odenwald is an outstanding example of Rococo.

En 'haut: «Amorbach im Odenwald» possède par son
église abbatiale un excellent exemple du style Rococo.

Links oben: *Das Rathaus in Alsfeld* ist unter den vielen schönen Rathäusern Hessens wohl das bekannteste. Als Baudatum wird für den kleinen, reizvollen Fachwerkbau über einer von Holzständern gebildeten Halle das Jahr 1484 genannt.

Left above: Alsfeld Townhall, a half-timbered Gothic building from 1484.

A gauche en 'haut: L'Hôtel de Ville d'Alsfeld, un bâtiment de style gothique à pans de bois datant de 1484.

Rechts: *Das Jerusalemer Tor in Büdingen.* Das mittelalterliche Büdingen im Herzen von Oberhessen kann viel berühmteren alten Städten wie Rothenburg oder Nördlingen an die Seite gestellt werden, denn sowohl große Teile der Stadtbefestigung als auch viele Gebäude wie das spätgotische Rathaus und das mitten in der Stadt liegende Schloß der Fürsten von Isenburg und Büdingen sind völlig erhalten.

Right: The medieval town of Büdingen still retains large parts of its old defences including the Jerusalem Gate.

A droite: La ville médiévale de Büdingen conserve encore la presque totalité de son mur d'enceinte dont fait partie la porte de Jérusalem qui figure sur notre photo.

Links unten: *Die Kaiserpfalz in Gelnhausen.* In Gelnhausen an der Kinzig ließ Kaiser Friedrich Barbarossa 1170 einen Palast errichten, von dem noch große Teile erhalten geblieben sind.

Left below: The Kaiserpfalz in *Gelnhausen,* still substantially intact and architecturally the most interesting of the Hohenstaufen imperial castles.

A gauche en bas: Du château «Kaiserpfalz» à *Gelnhausen,* le plus intéressant des châteaux royaux des Hohenstaufen sur le plan architectural, de nombreuses parties sont restées intactes.

218

Rechts: *Die Autobahnstrecke durch den Spessart* ist das schönste Stück der Autobahnverbindung Frankfurt–Nürnberg–München.

Right: The most attractive stretch of the Frankfurt to Munich Autobahn, via Nürnberg, as it passes through the Spessart region.

A droite: Le tronçon de l'autoroute à travers la région du Spessart est la partie la plus pittoresque de l'autoroute Francfort-Nuremberg-Munich.

Oben: *Bad Hersfeld* ist wegen seiner Glauber- und Bittersalzquellen ein gern aufgesuchtes Heilbad bei Stoffwechselerkrankungen. Das in jedem Jahr gefeierte Lullusfest erinnert an den Mainzer Erzbischof Lullus, der im 8. Jahrhundert die Benediktinerabtei Hersfeld gründete.

Above: The Lullus Festival which takes place annually in *Bad Hersfeld* commemorates Lullus, the Archbishop of Mainz.

En 'haut: La fête de Lullus «Lullusfest» qui a lieu chaque année à *BadHersfeld,* est organisée à l'honneur de l'Evêque de Mayence Lullus.

Oben: *Die Veste Coburg* aus dem 16. Jahrhundert, eine der ausgedehntesten Burgen in Deutschland, läßt sich in ihrer Anlage auf unserer Luftaufnahme ausgezeichnet erkennen. Sie besitzt eine dreifache Ringmauer, zwei Höfe und vier mächtige Bastionen. Das markante Bauwerk liegt hoch über der Stadt Coburg, einer ehemaligen herzoglichen Residenz.

Above: The 16th Century Veste Coburg is one of the most extensive castles in Germany.

En 'haut: Le château fort de Coburg qui date du 16e Siècle est un des plus importants châteaux de ce genre en Allemagne.

Rechts: *Das Fichtelgebirge* nimmt im Gefüge der deutschen Mittelgebirge eine zentrale Stellung ein; es liegt im Schnittpunkt der drei vom Bayerischen Wald, dem Frankenwald und dem Erzgebirge angegebenen Grundrichtungen. Auch das mitteleuropäische Gewässernetz hat hier einen Mittelpunkt, denn vom Fichtelgebirge strömt nach jeder Haupthimmelsrichtung ein wichtiger Fluß. Zwischen Schneeberg und Ochsenkopf liegt in einem Hochmoor der einstmals für bergbauliche Zwecke aufgestaute Fichtelsee in 751 m Höhe.

Right: The Fichtelsee, an old man-made lake in the Fichtelgebirge that was dammed for mining purposes many years ago.

A droite: Le «Fichtelsee» dans le Fichtelgebirge, a été créé il y a de nombreuses années par une retenue d'eau pour permettre l'exploitation minière de la région.

Oben: *Die Wallfahrtskirche Kappl* bei Waldsassen in der Oberpfalz, deren Kleeblattgrundriß die Dreieinigkeit versinnbildlichen soll.

Above: The Pilgrim Church at *Kappl* near Waldsassen in the Upper Palatinate.

En 'haut: L'Eglise de pélerinage *Kappl* près de Waldsassen dans le Sud du Palatinat.

Rechts: *Würzburg, von der Festung Marienberg aus gesehen.* Ihren Bischöfen verdankt die Stadt ihre großartige Entwicklung und berühmten Bauten.

Right: *Würzburg*, the provincial capital of Franconia and seat of the local bishop.

A droite: *Würzburg* (Wurtzbourg), capitale religieuse et épiscopale de l'Allemagne occidentale.

Links: *Der „Pfahl" im Bayerischen Wald* ist ein etwa 110 km langes und nur 50–100 m breites Quarzriff, das einst aus dem Urgestein herausgewittert und als weiße, am oberen Rand scharf zersägte Mauer stehengeblieben ist.

Left: The 'Pfahl' or 'Spear', a ridge of quartz exposed by the weathering away of the rocks.

A gauche: Le récif de quartz nommé «Pfahl» dans la Forêt bavaroise.

224

Zwischen Main und Donau

Between the Main and the Danube
Entre le Main et le Danube

Oben: *Miltenberg*, einer der meistbesuchten Orte am Main, war schon vorhanden, als die Römer ins Land kamen und den Limes bauten, der hier auf den Main stieß.

Above: *Miltenberg* with beautiful patrician houses.

En 'haut: *Miltenberg* avec ses belles maisons bourgeoises.

Rechts: *Die Residenz in Würzburg*. Die Bischöfe aus dem Hause Schönborn waren die eigentlichen Initiatoren und tatkräftigen Förderer des Baues der Würzburger Residenz, des größten und bedeutendsten Profanbaues aus der Barockzeit, der im wesentlichen 1720–1745 unter der Leitung von Balthasar Neumann entstand.

Right: Garden side of the Residenz in Würzburg.

A droite: Le jardin de côté de la Résidence à Wurtzbourg.

Links: *Wertheim*, ein Städtchen an der Einmündung der Tauber in den Main, hat sich trotz starken Fremdenverkehrs das Gesicht einer typisch altfränkischen mittelalterlichen Kleinstadt bewahrt.

Left: Wertheim is a typical little old Franconian town.

A gauche: Wertheim, petite ville médiévale typiquement franconienne.

Links: *Escherndorf* bei Kitzingen ist ein Name, der jedem Weinkenner das Wasser im Munde zusammenlaufen läßt, denn die steilen Berghänge über dem Ort gehören zu den besten Lagen der Frankenweine.

Left: Eschendorf near Kitzingen is a small winegrowing town.

A gauche: Escherndorf près de Kitzingen est une petite bourgade vinicole.

Unten: *Mainbernheim* ist eines von dutzenden romantischen Städtchen am Main. Was es von vielen unterscheidet, sind die guterhaltenen Mauern, Türme und Tore der alten Stadtbefestigung, vorwiegend aus dem 14. und 15. Jahrhundert.

Below: Mainbernheim, included here simply as one example of dozens of similar romantic places on the Main.

En bas: Mainbernheim n'apparaît dans notre série de photos que pour servir d'exemple pour de multiples autres petites villes moyenâgeuses au bord du Main.

Rechts: *Die Rosenkranzmadonna von Volkach.* Zwischen Schweinfurt und Kitzingen liegt Volkach, das nicht nur durch sein prächtiges Renaissance-Rathaus und die gotische Pfarrkirche, durch alte Tore und schöne Giebelhäuser bekannt ist, sondern vor allem auch durch die außerhalb des Ortes inmitten von Weinbergen gelegene Wallfahrtskirche „Maria im Weingarten". Diese Kirche bewahrt eines der schönsten Werke von Tilman Riemenschneider, die berühmte Rosenkranzmadonna.

Right: 'Madonna with a Crown of Roses'. one of *Tilman Riemenschneider's* finest works which hangs in a little church set in the middle of the vineyards near Volkach.

A droite: La Madone à la couronne de roses (Rosenkranzmadonna) de Volkach; une des plus belles oeuvres de *Tilman Riemenschneider,* se trouve dans une église près de Volkach au milieu de vignobles.

228

Rechts: *Das Treppenhaus im Schloß Pommersfelden.* Im freundlichen Steigerwald südwestlich von Bamberg liegt das Schloß Pommersfelden, eines der schönsten Barockschlösser in deutschen Landen. Der dreiflügelige Bau wurde im Auftrag des Kurfürsten Lothar Franz von Schönborn, Erzbischof von Mainz und Bischof von Bamberg, von Johann Dientzenhofer 1711–1718 geschaffen. Die doppelläufige Treppe mit ihrer in drei Geschossen herumgeführten Galerie gilt als eine der schönsten in Deutschland.

Right: *Pommersfelden* Palace in the Steigerwald district was designed by the Baroque master Johann Dientzenhofer. Its pièce de resistance is this magnificent double staircase.

A droite: Le château de *Pommersfelden* dans la région de Steigerwald est une oeuvre du maître du Baroque Johann Dientzenhofer. La pièce maîtresse de ce château composé de trois aîles est la cage de l'escalier avec son double escalier.

Oben: *Der Bamberger Reiter.* Der Dom der alten Kaiser- und Bischofsstadt Bamberg, der als eines der hervorragendsten Beispiele spätromanischer Architektur zu gelten hat, birgt eine große Zahl von künstlerisch einzigartigen Bildwerken aus Stein, darunter den berühmten Bamberger Reiter, dessen Schöpfer unbekannt ist.

Above: *Bamberg's* most important work of architecture, its late Romanesque Cathedral, contains the famous stone sculpture 'Bamberger Reiter'.

En 'haut: L'édifice le plus important de *Bamberg,* la cathédrale de style roman finissant, renferme en particulier le célèbre «Chevalier de Bamberg».

Rechts: *Tüchersfeld in der Fränkischen Schweiz.* Der nördlichste Teil der sich von der Schwäbischen Alb bis zum Main erstreckenden Fränkischen Alb wird wegen seiner gebirgsartigen Felsformen „Fränkische Schweiz" genannt. Es sind ungeschichtete Kalkfelsen des Dolomit, die oft so bizarre Formen haben wie die bei dem kleinen Dorf Tüchersfeld.

Right: Unusual rock formations in the village of Tüchersfeld in the Wiesen Valley, typical of this part of the Franconian Alb which is known as 'Franconian Switzerland'.

A droite: En «Franconie Suisse», partie Nord du Jura franconien, on rencontre des formations rocheuses bizarres comme celles du village Tüchersfeld dans la vallée de «Wiesental».

Die Wallfahrtskirche Vierzehnheiligen am oberen Main ist eine Schöpfung Balthasar Neumanns. Ihre Fassade zählt zu den glanzvollsten Leistungen des Barocks, und ihr lichtdurchfluteter Innenraum ist mit seinem Gewirr von geschwungenen Linien und seiner schwelgerischen Farbenpracht nicht mehr zu überbieten.

The Pilgrim Church of Vierzehnheiligen on the upper Main is one of the masterpieces of Baroque. It was built by Balthasar Neumann between 1743 and 1772.

L'Eglise de pélerinage «Vierzehnheiligen» (les Quartorze Saints) sur le Main supérieur, qui fut construite par Balthasar Neumann de 1743 à 1772, est une des plus belle oeuvres de style baroque.

232

Nürnberg, Christkindlmárkt vor der Frauenkirche.

Christmas fair in front of the Frauenkirche at Nürnberg.

Marché de Noël à Nuremberg devant la Frauenkirche.

Markttag in Ansbach. Die malerisch im Talkessel der Fränkischen Rezat gelegene einstige Residenzstadt Ansbach wird wegen ihrer bemerkenswerten Barock- und Rokokobauten die „Stadt des fränkischen Rokokos" genannt.

Ansbach is known as the 'city of Franconian Rococo'.

Ansbach, est surnommée la «ville du Rococo franconien».

Links und unten: *In Rothenburg ob der Tauber und Dinkelsbühl*, den wohl meistbesuchten malerischen Städten an der sogenannten „Romantischen Straße", wird die Vergangenheit durch ihre traditionsbewußten Bewohner lebendig erhalten. Alljährlich finden dort farbenreiche Festspiele statt, in Rothenburg „Der Meistertrunk" und der Schäfertanz auf dem Marktplatz (auf unserem Bild), in Dinkelsbühl, „Die Kinderzeche".

Left and below: *Rothenburg ob der Tauber* and *Dinkelsbühl* are two of the biggest tourist spots along the 'Romantic Road' for their beautiful old houses and medieval fortifications.

A gauche et en bas: *Rothenburg ob der Tauber* et *Dinkelsbühl* font partie des villes de la «route romantique» qui attirent le plus de touristes à cause de leurs belles maisons anciennes et leur enceinte moyenâgeuse.

Rechts: *Der Marktplatz von Rothenburg* wird von dem repräsentativen Renaissancebau des Rathauses und seinem 60 m hohen Turm beherrscht. Das Bauwerk, das zwischen 1572 und 1578 entstand, ist das Werk des Renaissance-Baumeisters Nikolaus Hoffmann.

Right: The marketplace in Rothenburg ob der Tauber with its stately Renaissance Townhall.

A droite: La place du marché de Rothenburg ob der Tauber et son imposant Hôtel de Ville.

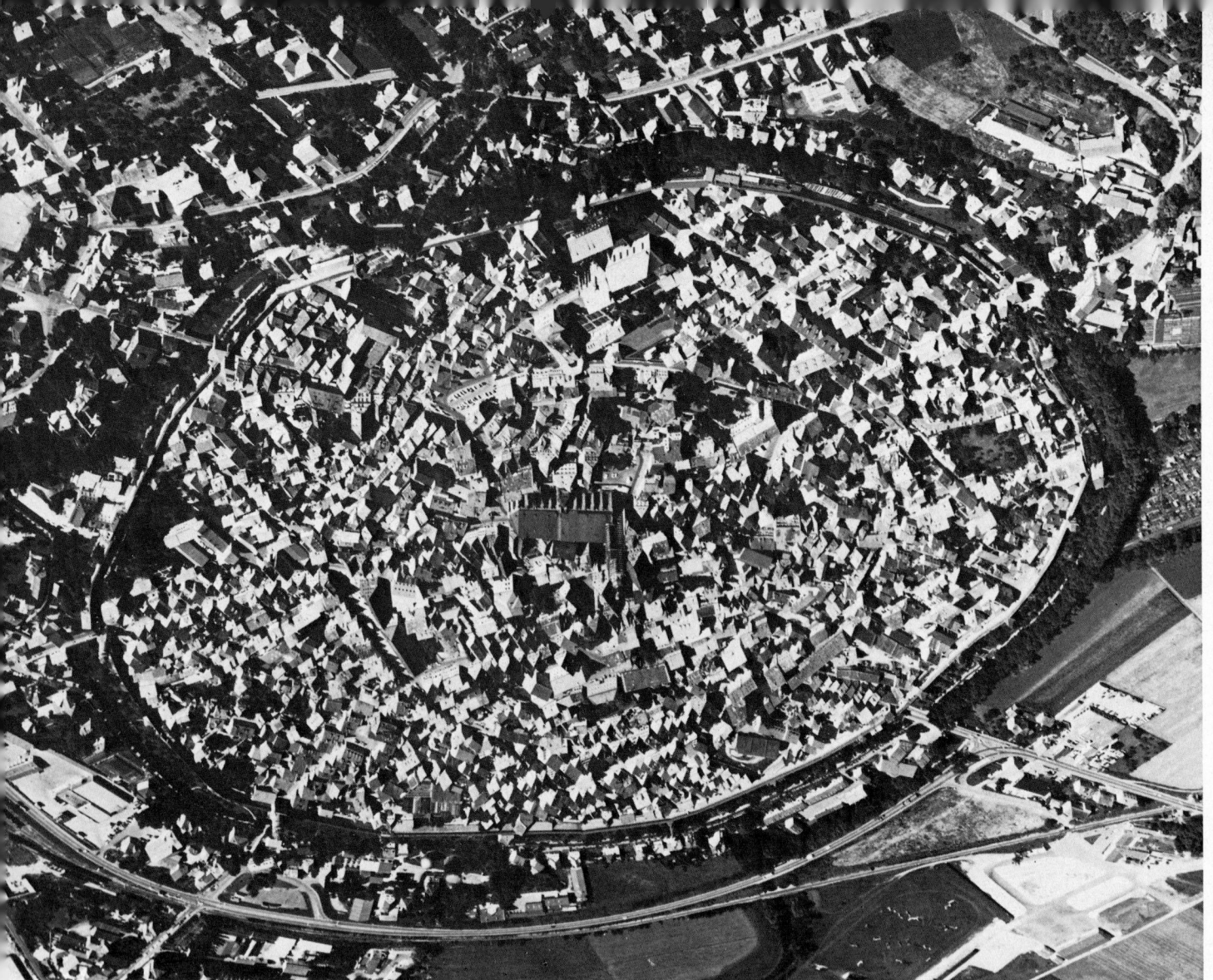

Oben: *Luftaufnahme von Nördlingen,* der 3. der berühmten ehemaligen Freien Reichsstädte an der Romantischen Straße. Unsere Aufnahme läßt ausgezeichnet erkennen, daß der Stadtkern Nördlingens
von einer vollkommen erhalten gebliebenen Stadtmauer mit 16
Türmen kreisförmig eingeschlossen wird. Von dem einstigen Reichtum der Bürger zeugen die stattlichen Patrizierhäuser, das spätgotische Rathaus mit einer herrlichen Renaissance-Freitreppe und
der aus der Mitte der Stadt machtvoll aufragende „Daniel", der
Turm der St.-Georgs-Kirche.

Above: The third of the once independent boroughs on the 'Romantic
Road' is *Nördlingen.* The wall encircling the centre of the city is still
intact and complete with its 16 towers.

En 'haut: La troisième des célèbres villes impériales libre sur la
«route romantique» est *Nördlingen,* dont le mur de fortification
intact et ses seize tours encerclent le centre de la ville.

Rechts: *Rittersaal des Schlosses Weikersheim.* Das Hohenloher
Land besitzt Burgen und Schlösser in großer Zahl. Die schönsten
gehörten einst den vielen Linien des gräflichen und später fürstli-
chen Hauses Hohenlohe, und Weikersheim ist der Stammsitz des
Geschlechts. Das dortige Schloß wurde mit glücklicher Hand aus
einer alten, düsteren Wasserburg entwickelt. Weikersheim darf
als das Idealbild einer kleinen deutschen Residenz des 16. bis
18. Jahrhunderts gelten. Das Schloß besitzt einen durch zwei
Stockwerke gehenden Rittersaal.

Right: The Knights' Hall in *Weikersheim Castle* is well worth a visit.
It has some interesting animal sculptures, a magnificent chimneypiece
and a ceiling divided into panels depicting hunting scenes.

A droite: La salle de chevaliers du *château de Weikersheim* avec son
plafond à caissons peints de scènes de chasse, les sculptures d'animaux
et la magnifique cheminée est digne d'une visite.

Oben: *Luftaufnahme von der Dreiflüssestadt Passau.* Links bringt der Inn seine klaren Alpenwässer in die gelbgrüne Donau, und fast genau gegenüber mündet die Ilz, die aus den Mooren des Bayerischen Waldes schwarzbraunes Wasser mitbringt. Das bereits 731 bezeugte Bistum reichte zeitweilig bis zur ungarischen Grenze.

Above: This aerial view of the border town of *Passau* gives a good impression of its unique situation on three rivers.

En 'haute: Notre vue aérienne de *Passau* démontre de.façon frappante la situation exceptionnelle de cette ville-frontière arrosée par trois fleuves.

Rechts: *Kloster Weltenburg an der Donau.* Wo sich zwischen Neustadt und Kelheim die Donau durch die Ausläufer des Schwäbischen Juras hindurchzwängen muß, liegt in einer romantischen Felsenenge die Benediktinerabtei Weltenburg. Die Klosterkirche St. Georg und St. Martin ist eines der Meisterwerke des Münchener Rokokobaumeisters Cosmas Damian Asam.

Right: Weltenburg Monastery in the dramatic setting of a narrow, rocky gorge carved out by the River Danube between Neustadt and Kelheim.

A droite: C'est dans une étroite vallée rocheuse du Danube, entre Neustadt et Kelheim qu'est situé le couvent de Weltenburg.

Oben: *Regensburg* ist eine der ältesten deutschen Städte. Die verkehrsmäßig günstige Lage führte im Mittelalter dazu, daß ihre Bürger durch den früh aufgenommenen Fernhandel reicher waren als die von Nürnberg und Augsburg. Unser Bild öffnet einen Blick aus der Drei-Kronen-Gasse auf die Türme des großartigen Doms St. Peter.

Above: *Regensburg* has managed to retain a lot of the quality of its independent medieval past. Its greatest piece of architecture is the Gothic St. Peter's Cathedral, with its two tall spires.

En 'haut: *Regensburg* (Ratisbonne) a su conserver beaucoup de l'éclat qu'elle avait au Moyen Age en tant que ville libre. Son plus bel édifice est la cathédrale St.-Pierre avec ses deux tours.

Links: *Die Willibaldsburg bei Eichstätt.* Die Altmühl wird auf ihrem langen Weg bis zur Einmündung in die Donau bei Kelheim von vielen Burgen und freundlichen Orten gesäumt. Am bekanntesten ist Eichstätt. Die Willibaldsburg, ein mächtiger Renaissancebau, wurde 1609–1620 als Residenz der Fürstbischöfe erbaut.

Left: The old bishops' seat of Eichstätt on the Altmühl is dominated by Willibald Castle.

A gauche: La vieille ville épiscopale d'Eichstätt au bord du fleuve «Altmühl» est dominée par le château de «Willibaldsburg».

Kelheim mit der Befreiungshalle. Unsere Luftaufnahme zeigt das Gebiet um die Stadt Kelheim mit der Donau und der hier mündenden Altmühl. Der Michelsberg westlich von Kelheim wurde 1836 von dem Bayernkönig Ludwig I. als Standort für die Befreiungshalle auserwählt, die das deutsche Volk an die Befreiungskriege 1813–1815 erinnern sollte. Der monumentale Rundbau wurde nach Entwürfen Leo v. Klenzes im klassizistischen Stil erbaut und 1863, am 50. Jahrestag der Völkerschlacht von Leipzig, eingeweiht.

The Befreiungshalle at Kelheim, built high above the Danube by King Ludwig I of Bavaria to commemorate the Völkerschlacht of 1813.

Le temple «Befreiungshalle» (Salle de la libération) près de Kelheim fut construit par le roi de Bavière Louis Ier au-dessus de Danube en souvenir de la bataille de Leipzig.

Rechts: *Das Hohenzollernschl...
in Sigmaringen.* Am Ende des
Durchbruchs der Donau durch
den Jura liegt Sigmaringen. Da...
Wahrzeichen der Stadt ist die
Hohenzollernburg, die sich auf
einem Felsklotz, wie aus dem
Gestein herausgewachsen, erhebt.

Right: The Hohenzollernschl...
in *Sigmaringen* is a reminder th...
the town was once the provincia...
capital of what was at that time...
Hohenzollern territory belongi...
to Prussia.

A droite: Le château des Hohe...
zollern à *Sigmaringen* rappelle
que cette ville fut autrefois
résidence des Hohenzollern et
faisait partie de l'Empire pruss...

Oben: *Ingolstadt, Kreuztor und Liebfrauenmünster.* Obwohl die ehemalige bayerische Herzogsresidenz Ingolstadt ein Industriezentrum geworden ist, besitzt sie noch
große Teile der alten Stadtmauer mit Türmen und Toren,
von denen das siebentürmige Kreuztor besonders malerisch ist. Dahinter sieht man einen der beiden mächtigen
Türme des Liebfrauenmünsters.

Above: *Ingolstadt* is nowadays an industrial town but a lot
of its fortifications still survive, including one particularly
attractive gate, the Kreuztor.

En 'haut: *Ingolstadt,* grand centre industriel moderne,
possède encore quelques vestiges de son ancienne fortification. La porte «Kreuztor» est particulièrement pittoresque.

244

Donaupartie in Ulm. Durch lebhaften Handel und Gewerbefleiß war Ulm schon im 13. Jahrhundert eine bedeutende Stadt geworden. Mit dem Bau des Münsters wurde 1377 durch Peter Parler begonnen, an der Innenausstattung wirkten berühmte Bildhauer und Maler mit. Es ist die größte von einer städtischen Bürgerschaft errichtete gotische Kirche Deutschlands; mit 161 m ist der gewaltige Westturm noch um 4 m höher als die Türme des Kölner Doms. Von der einstigen sehr starken Befestigung der Stadt ist nur noch ein kleines Stück an der Donau, mit dem Metzgerturm, erhalten.

Proud symbol of *Ulm* is the Minster with its 161-metre west spire. The solid defensive tower in the foreground and the wall flanking the Danube are all that is left of its stout defenses.

L'emblème d'*Ulm* est sa cathédrale avec la tour haute de 161 m. La tour de défense au premier plan et le mur le long du Danube sont les vestiges de l'ancienne fortification.

Rechts: *Riedlingen* ist eines von den vielen hübschen Städtchen, die sich zwischen Ulm und den Donauquellen an den Ufern des Stromes aufreihen. Mit ihren Rathäusern, Kirchtürmen und alten Fachwerkhäusern, teilweise auch noch mit Resten der mittelalterlichen Ummauerung, bieten sie malerische Stadtbilder.

Right: Riedlingen, a pretty little town on the banks of the Danube between Ulm and Sigmaringen.

A droite: Riedlingen, petite ville romantique au bord du Danube entre Ulm et Sigmaringen.

Unten: *Die Donauquelle in Donaueschingen.* Im Schloßpark von Donaueschingen wird in einem gemauerten Becken eine starke Quelle aufgefangen, die man nicht ganz zutreffend als Donauquelle bezeichnet. In Wahrheit wird die Donau bei Donaueschingen aus dem Zusammenfluß von Brigach und Breg gebildet, und das Wasser aus der Quelle im Park wird der Brigach zugeleitet.

Below: In the Schlosspark in Donaueschingen there is an abundant spring labelled as the source of the Danube.

En bas: Dans le parc du château de Donaueschingen jaillit une source qui passe, à tort, pour être celle du Danube.

Oben: *Das Rathaus in Tübingen.* Die alte schwäbische
Universitätsstadt Tübingen hat sich mit ihren engen
Gassen und Plätzen den Reiz einer mittelalterlichen
Stadt bewahren können. An dem malerischen Marktplatz
liegt beherrschend das Rathaus, ein schöner Fachwerkbau
von 1435. Der davor stehende Marktbrunnen stammt
aus dem Jahre 1627.

Above: The Townhall of the old university town of
Tübingen is a picturesque half-timbered building from 1435.

En 'haut: L'Hôtel de Ville de la vieille ville universitaire de
Tübingen est une pittoresque maison à pans de bois datant
de 1435.

Besigheim, Blick von der Enzbrücke auf die Stadt. Das Städtchen Besigheim liegt auf einem schmalen Muschelkalkrücken zwischen dem Neckar und der unterhalb einmündenden Enz. Überragt wird das Dächergewirr der dichtgedrängten Bürgerhäuser von dem hohen Rathaus, das 1459 erbaut wurde. Eine teilweise noch erhaltene doppelte Stadtmauer hatte ursprünglich nur zwei Tore, die durch runde Türme geschützt waren.

Besigheim on the Neckar, with tigthly packed old houses, prominent Townhall and the picturesque remains of its city defences.

Besigheim am Neckar avec ses maisons bourgeoises collées les unes aux autres, son Hôtel de Ville surplombant la ville et les ruines de son importante fortification.

echts: *Burg Hornberg über dem Neckar.*
ine der schönsten Neckarburgen, Hornberg,
egt inmitten von Weinbergen hoch über dem
uß. Dort oben hat zeitweilig Götz von Ber-
chingen, der berühmte adlige Bauernführer,
elebt, und auf der Burg starb er 1562.

ight: One of the many seats of nobility on the
iver Neckar is *Hornberg Castle* whose history
 bound up with the famous peasant leader
ötz von Berlichingen.

 droite: Une des nombreuses résidences de la
eille noblesse au bord du Neckar est le
hâteau de Hornberg, dont l'histoire est liée au
 ef du soulèvement paysan «Götz von Berli-
hingen».

nten: *Bad Wimpfen.* Um 1200 wurde hier mit
 em Bau einer Kaiserpfalz begonnen. Im
 4. Jahrhundert stieg Wimpfen am Berg sogar
 ur Freien Reichsstadt auf. Den Charakter einer
 ittelalterlichen Stadt hat es sich bis auf den
 eutigen Tag erhalten.

 elow: Bad Wimpfen on the Neckar.

 n bas: Bad Wimpfen au bord du Neckar.

Oben: *Heidelberg,* die älteste Universitätsstadt auf deutschem Boden, liegt am Austritt des Neckars aus dem Odenwald in die Rheinebene. Das Stadtbild wird glanzvoll gekrönt von den ausgedehnten baulichen Anlagen des Schlosses, in dem rund fünfhundert Jahre die Pfälzer Kurfürsten residierten.

Above: *Heidelberg,* the oldest university town with the biggest fortified castle in the country. For a period of 500 years it was the seat of the Counts of the Palatinate.

En 'haut: *Heidelberg,* la plus vieille ville universitaire d'Allemagne, possède le plus grand château allemand. Il servit de résisdence pendant cinq siècles aux Electeurs du Palatinat.

Rechts: *Das Oktoberfest in München.* Die Hauptstadt des Landes Bayern gilt nicht nur als die bedeutendste Kunststadt Deutschlands sondern sie ist auch eine Pflegestätte des Frohsinns. In jedem Jahr begeht sie ihr Oktoberfest, das größte Volksfest auf der ganzen Erde.

Right: The Oktoberfest in *Munich* is probably the biggest popular fair in the whole world.

A droite: La fête d'Octobre à *Munich* est la fête populaire la plus célèbre du monde.

Alpenvorland und deutsche Alpen

The German Alps and their Approaches
Préalpes et Alpes Allemandes

Links: *München, Detail vom Zeltdach des Olympiasta-
dions.* Für die Olympischen Sommerspiele 1972, die
in München stattfanden, hatte die Stadt Vorbereitungen
getroffen wie wohl noch keine Olympiastadt zuvor. Die
Wettkampfanlagen sind von unvergleichlicher Großzügig
keit und Kühnheit.

Left: The tent-like roof of the Olympia Stadium in Munich
is a splendid triumph of bold modern design.

A gauche: Le toit suspendu du stade olympique de Munich
est une construction unique au monde tant par son ampleur
que par la hardiesse de sa conception.

Unten: *München, Fußgängerzone in der Innenstadt.* Im
Zusammenhang mit den Olympischen Spielen 1972
ist München darangegangen, das Gesicht seiner Innenstadt grundlegend zu verändern. Abgesehen von modernen Straßenführungen und dem Bau einer U-Bahn wurd
die Innenstadt weitgehend zur Fußgängerzone umgewandelt. Vom Karlsplatz, den die Münchener nach wie vor
„Stachus" nennen, bis zum Marienplatz am Rathaus
kann man jetzt nach Herzenslust flanieren.

Below: Munich's pedestrian shopping zone in the city
centre.

En bas: La zone piétonnière de Munich, au coeur de la ville

Blick über das Isartor auf München. Unser Bild gibt einen Ausschnitt der türmereichen Innenstadt von München wieder: im Vordergrund das malerische Isartor, das 1314 als Osttor des Mauerrings ebaut wurde, dahinter die Peterskirche, der schlanke Turm des neugotischen Neuen Rathauses und die runden Turmhauben des Doms Unserer Lieben Frauen, kurz Frauenkirche genannt. Aber das sind nur einige der zahlreichen sehenswerten Bauten von München, das von den Wittelsbachern im 13. Jahrhundert zur dauernden Residenz erkoren wurde. Unter dem zum deutschen Kaiser gewählten Ludwig dem Bayern (1294–1347) wurde schon der Mauerring mit Isartor, Sendlinger Tor und Karlstor errichtet, über den die Stadt erst Anfang des 19. Jahrhunderts hinauswuchs. Im 17. und 18. Jahrhundert stieg München unter prunkliebenden Kurfürsten empor: Die Residenz wurde erweitert, der Hofgarten angelegt und die barocke Theatinerkirche erbaut. Die Könige Ludwig I. und II. machten ihre Hauptstadt dann zur bedeutendsten Kunststadt des Reiches.

Looking across over the top of the Isar Gate towards the centre of Munich with its many domes and towers.

Vue de la porte de l'Isar sur le centre de la ville de Munich avec ses nombreuses tours.

Rechts: *Das Ravensburger Tor in Wangen,* eines der schönsten Stadttore in Oberschwaben und im Allgäu.

Right: The Ravensburg Gate in Wangen is one of the finest city gates in Upper Swabia and the Allgäu.

A droite: La porte de Ravensburg à Wangen est une des plus belles portes de ville de Haute-Souabe et d'Allgäu.

Oben: *Augsburg, Fuggerei.* Der Handel mit Orientwaren, vor allem aber auch der Geldhandel, machten den Reichtum der Freien Reichsstadt Augsburg aus. Die Fuggerei, eine Stiftung des Kaufmannsgeschlechts der Fugger, ist der älteste Versuch, das Problem der armen alten Menschen auf soziale Weise zu lösen. – Das Rathaus im Hintergrund ist die berühmteste Schöpfung des Renaissancebaumeisters Elias Holl (1615–1620).

Above: The Fuggerei in *Augsburg,* a welfare institution for old people founded by the rich merchants of the Fugger.

En 'haut: L'immeuble Fuggerei à *Augsburg,* institution sociale créée par la riche famille des banquiers Fugger.

25

Ottobeuren im Allgäuer Alpenvorland besitzt eine berühmte Benediktinerabtei, deren Geschichte bis auf das Jahr 764 zurückgeht. Die zweitürmige Kirche ist einer der schönsten Barockbauten in Deutschland, der 1737–1766 im wesentlichen unter Joh. Mich. Fischer entstand. Interessant ist der betonte Gegensatz zwischen dem schlichten Äußeren der Abteikirche und der Raumschönheit und schwelgerischen Rokokopracht der Innenausstattung.

The Abbey Church of *Ottobeuren*, with some of the finest Rococo decoration to be found anywhere in Bavaria.

L'abbatiale d'*Ottobeuren* dont la décoration intérieure de style Rococo passe pour être une des plus belles de Bavière.

Rechts: *Markttag in Biberach an der Riß*. Biberach ist eine der vielen liebenswerten Kleinstädte zwischen der Donau und dem Alpenrand, die sich ihre Patina aus früheren Jahrhunderten erhalten haben. In seinen Gassen meint man noch etwas von dem Geist Wielands zu spüren, der hier von 1760 bis 1769 Stadtschreiber war. Einen Markttag auf dem von den beiden Rathäusern umgebenen und von der spätgotischen Pfarrkirche überragten Marktplatz wird man wegen seiner Farbigkeit nicht so leicht vergessen.

Right: Biberach on the Riss is a bustling little Upper Swabian town that has managed to retain the old world charm of its squares and culverts.

A droite: Biberach an der Riß est une petite ville de Haute-Souabe très animée et qui a su garder son cachet médiéval avec ses rues étroites et ses petites places.

Links: *Blick auf Ravensburg*. Über der oberschwäbischen Stadt Ravensburg nahe dem Bodensee liegt die Ruine der Ravensburg, der die Stadt ihren Namen verdankt. Sie gilt als Stammburg der Welfen, und Heinrich der Löwe wurde hier 1129 geboren. Anstelle der 1647 abgebrannten Burg steht seit 1750 das Schlößchen Veitsburg, von dem aus man einen reizvollen Rundblick über die türmereiche Stadt mit ihrer zum Teil noch wohlerhaltenen mittelalterlichen Befestigung hat. Man zählt noch 15 Tor- und Mauertürme; zu ihnen gehört auch der sogenannte „Mehlsack" (vorn rechts im Bild), den der Volksmund so wegen seiner auffallenden Höhe und runden Formen getauft hat. Ravensburg war im Mittelalter ein wichtiger Handelsplatz und Sitz reicher Kaufleute, die vorwiegend weltweiten Tuchhandel betrieben. Erst gegen Ende des 15. Jahrhunderts konnte die „Ravensburger Handelsgesellschaft" dem wirtschaftlichen Druck der Augsburger Fugger und Welser nicht mehr standhalten.

Left: The best view of *Ravensburg* in Upper Swabia is from the heights of the small castle of Veitsburg. The majority of the town's medieval defenses are still intact, and the Veitsburg stands where the Welfs had their original castle.

A gauche: C'est du haut du château de Veitsburg où se trouvait autre fois le château natal des Guelfes qu'on a la meilleure vue sur la ville de Haute-Souabe *Ravensburg,* avec son vieux mur de fortification relativement bien conservé.

Links: *Konstanz, Rheintorturm und Münster.* Die Geschichte der jungen Universitätsstadt Konstanz geht bis auf die Zeit der Römer zurück. Das bedeutendste Bauwerk ist das gotische Münster Unserer Lieben Frau.

Left: The Minster and the tower of the Rhine Gate in Constance.

A gauche: La tour de la porte du Rhin et la cathédrale de Constance.

Unten: *Der Hohentwiel bei Singen* ist der berühmteste unter den Hegaubergen, einer Gruppe von Bergkegeln jungvulkanischen Ursprungs. Er trägt auf seinem Gipfel die Reste einer Burg, bekannt durch Scheffels Roman „Ekkehard".

Below: Aerial view of the Hohentwiel, the highest of the once volcanic Hegau Hills.

En bas: Vue aérienne du Hohentwiel, plus haut sommet d'origine volcanique du massif de l'Hegau.

Auf der Insel Mainau. Als die Perle des Bodensees wird die Insel Mainau bezeichnet. Sie liegt im Windschatten des Bodmanrückens, so daß sie – mit menschlicher Hilfe – zu einem Wunder subtropischer Natur nördlich der Alpen geworden ist. In dem Inselpark gedeihen Bäume und Blumen aller Erdteile: Mammutbäume, Bananenstauden, Palmen, Zitronen und Orangen und prächtige exotische Koniferen.

The island of *Mainau* in Lake Constance enjoys a special climate that has helped to turn it into an idyllic park over the last hundred years.

Sur l'Ile de *Mainau* au milieu du lac de Constance, qui bénéficie de conditions climatiques exceptionnelles, s'est constitué au cours d'un siècle un parc féerique rempli de plantes subtropicales.

Der Bodensee aus der Luft. Wer sich als Besucher des Bodensees ein Erlebnis besonderer Art verschaffen will, sollte einen Rundflug über den See unternehmen, der aus größerer Höhe eine umfassende Sicht über die ganze Bodenseeniederung mit dem Panorama der Alpenkette bis hin zu den Zentralalpen und beim Tiefflug unbeschreiblich reizvolle Perspektiven auf Seedetails gewährt – wie hier auf das Inselidyll von Lindau, auf die Mündung des Rheins in den See und auf das überwältigende Alpenpanorama.

This aerial photograph captures the unforgettable view of the southern tip of Lake Constance, with the island town of *Lindau* in the foreground, the Austrian/Swiss shore behind and the panorama of the Alps in the distance.

Notre vue aérienne montre bien la pointe sud du Lac de Constance avec la ville de *Lindau* au premier plan, la rive autrichienne et la rive suisse au second plan et tout au fond la chaîne des Alpes.

Oben: *Pfahlbauten bei Unter-Uhldingen.* Südöstlich von Überlingen liegt das Dorf Unter-Uhldingen, das durch die dort zu besichtigenden Rekonstruktionen von Pfahlbauten aus der Stein- und Bronzezeit zu einem der meistbesuchten Orte am Bodensee geworden ist. Die Pfahlbauten beruhen auf Funden in dieser Gegend, sollen aber nicht im Wasser gestanden haben, sondern auf dem trockenen oder sumpfigen Seeufer.

Above: Primitive wooden huts at Unter-Uhldingen, an experimental reconstruction of stone age and bronze age living quarters.

En 'haut: Les constructions sur pilotis d'Unter-Uhldingen sont un essai de reconstitution d'habitations des époques de la pierre et du bronze.

Rechts: *Meersburg* am hohen Nordostufer des Bodensees ist eines der meistbesuchten Städtchen am ganzen See. Das ist einmal auf die beherrschenden Bauten des Alten und Neuen Schlosses zurückzuführen, die eine wechselreiche Geschichte haben, zum anderen auf die malerischen Gassen, die sich am Steilufer hinanziehen, auf die alten Stadttore und die engen Plätze mit den schmalen, wunderlich ineinandergeschachtelten Häuschen.

Right: Meersburg is one of the romantic little towns on the edge of Lake Constance.

A droite: Meersburg est une des petites villes romantiques situées au bord du Lac de Constance.

Oben: *Der Rittersaal im Schloß Heiligenberg* mit der herrlichen Renaissancedecke ist eine der größten Sehenswürdigkeiten im Bodenseegebiet.

Above: The Knights' Hall in the Palace of *Heiligenberg*, east of Überlingen, with its Renaissance ceiling.

En 'haut: La salle des chevaliers du château d'*Heiligenberg* à l'Est d'Überlingen avec beau plafond de style Renaissance.

Rechts: *Schliersee* am gleichnamigen See steht in unserem Bildband stellvertretend für all die kleinen Orte am Alpenrand vom Bodensee bis nach Berchtesgaden, die mit ihren buntbemälten Bauernhäusern und den schönen Kirchen das Landschaftsbild mit prägen helfen. Auch der Maibaum in der Dorfmitte darf nicht fehlen.

Right: Schliersee, on the lake which bears the same name.

A droite: Schliersee situé au bord du lac du même nom.

Rechts und unten: *Die Pflege des Brauchtums.* Das Brauchtum ist in den deutschen Alpen bis auf den heutigen Tag lebendig geblieben. Jedes größere Dorf hat seine Trachtenkapelle, und die jungen Burschen des Dorfes setzen ihren Stolz darein, alljährlich ihren Maibaum aufzustellen – je höher und schmuckreicher, um so besser. Mit welchen Schwierigkeiten solch eine Maibaumaufstellung verbunden ist, zeigt unser Bild.

Right and below: One of the typical customs of villages in the German part of the Alps is the erecting of the annual Maypole. This is always the occasion for a lighthearted festival, with a band dressed in local costume to accompany the dancing.

A droite et en bas: C'est la coutume dans les villages des Alpes allemandes de dresser chaque année «l'arbre de Mai». Cette cérémonie donne lieu à une fête populaire très joyeuse suivie d'un grand bal animé par la fanfare folklorique du village.

Moränenlandschaft im Allgäu. Von Lindenberg bis Oberreute bilden die Berge des Bregenzer Waldes die Kulisse der Deutschen Alpenstraße im Süden. Sie erreichen kaum mehr als tausend Meter Höhe, vermitteln aber bereits den Eindruck einer massiven Gebirgsmauer. Davor dehnt sich zwischen dem Bodensee und dem Lech das aus Moränenwellen gebildete freundliche Hügelland, das für das Allgäu charakteristisch ist. Unser Bild aus der Gegend von Eglofs südlich von Oberstaufen zeigt im Hintergrund die Kette der Rindalphörner.

Extending out from the foot of the Bregenzer Wald between Lake Constance and Lech is the gentler moraine landscape of the Allgäu. This scene is near Eglof, with the Rindalphörner chain in the background.

Devant la chaîne du «Bregenzer Wald» entre le lac de Constance et le Lech s'étend le paysage morainique de l'Allgäu comme on le voit ici près d'Eglofs. A l'arrière-plan se dresse la chaîne des «Rindalphörner».

Links und unten: *Die Gebirgswelt rund um Oberstdorf* gibt den Bergfreunden zahlreiche Möglichkeiten zu erlebnisreichen Wanderungen. Die Rappenseehütte unterhalb des Hohen Lichts kann man über den Heilbronner Weg erreichen. – Vom Gipfel des Nebelhorns (2224 m) hat man einen weiten Rundblick auf die den Kessel von Oberstdorf umgebenden Berge, hier auf die Höfats (2258 m).

Left and below: The Rappensee Alpine hut (left) is close to the German border with Austria near Oberstdorf. – View from the summit of the Nebelhorn.

A gauche et en bas: Le chalet de Rappensee est situé dans le merveilleux paysage alpestre qui entoure Oberstdorf près de la frontière austro-allemande. Du «Nebelhorn» on voit le sommet du «Höfats».

Rechts: *Die Klosterkirche Rottenbuch* gehört mit ihrer prunkvollen Rokoko-Ausstattung zu den bedeutendsten Kirchenbauten zwischen Füssen und Murnau.

Right: The monastery church of *Rottenbuch* has a splendid Rococo interior.

A droite: L'Eglise conventuelle de *Rottenbuch* avec ses somptueux ornements du Rococo.

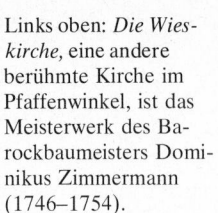

Links oben: *Die Wieskirche,* eine andere berühmte Kirche im Pfaffenwinkel, ist das Meisterwerk des Barockbaumeisters Dominikus Zimmermann (1746–1754).

Left above: The *Wieskirche,* designed by Dominikus Zimmermann, is regarded by many as the finest Baroque church in Upper Bavaria.

A gauche en 'haut: *L'Eglise de Wies,* oeuvre de Dominique Zimmermann est, dit-on, la plus belle église baroque de la Bavière du Sud.

Rechts: *Schloß Linderhof* im Ammergebirge, das dritte der bayerischen Königsschlösser in dieser Gebirgswelt. Es gilt als das das schönste, weil stilreinste. Es wurde ebenfalls nach den Vorstellungen Ludwigs II. gebaut.

Right: Linderhof Castle in the Ammergebirge region, the third of the castles built by the Bavarian King.

A droite: Le château de Linderhof situé dans l'«Ammergebirge» est le troisième château royal de Bavière.

Links unten: *Neuschwanstein* mit Blick auf den Alpsee und Hohenschwangau, von Ludwig II. erbaut.

Left below: Neuschwanstein, a castle near Füssen built by Ludwig II of Bavaria.

A gauche en bas: Neuschwanstein, château près de Füssen que fit construire le roi Louis II des Bavière.

Oben und links: *Die Zugspitze* ist mit 2963 m Deutschlands höchster Berg, mit drei Bergbahnen: die Bayerische Zugspitzbahn, die österreichische Seilbahn von Obermoos bei Ehrenwald und die Seilbahn vom Eibsee. Auf dem Gipfel ist seit der Erbauung des „Münchener Hauses" 1897 ein Komplex mit Hotel und Wetterwarte entstanden.

Above and left: The *Zugspitze,* the highest mountain in Germany at 2963 m. There is a rack and pinion railway running up to the top, or a choice of two cable car routes.

En 'haut et à gauche: *Zugspitze* avec ses 2.963 m est la plus haute montagne d'Allemagne. On accède au sommet par un train à crémaillère ou par deux funiculaires.

Rechts: *Das Karwendelgebirge*, Blick über den Geroldsee auf Wörner und Tiefkarspitze. Das Karwendelgebirge zwischen Mittenwald und Achensee ist ein menschenleerer Teil der Nördlichen Kalkalpen, durch den sich die Grenze zwischen Bayern und Tirol hinzieht.

Right: The Karwendel, the area of the Alps between Mittenwald and Achensee.

A droite: La chaîne du Karwendel entre Mittenwald et Achensee.

272

Rechts: *Blick vom Wallberg auf den Tegernsee.* Der Tegernsee ist unter den Seen am Rande der Nordalpen einer der anmutigsten. Der Aussichtsberg der Tegernsee-Landschaft ist der Wallberg (1722 m). Sein Plateau, ein geschätztes Wander- und Skigebiet, ist auf einer gut angelegten Straße oder mit einer Kabinenbahn rasch zu erreichen.

Right: The Wallberg (1722 m) is an easily accessible vantage point overlooking the Tegernsee and its surroundings.

A droite: Le Mont Wallberg (1722 m) est la plate-forme panoramique de la région autour du Tegernsee.

Links: *Der Wendelstein.* Mit 1838 m Höhe hebt sich der Gipfel des Wend steins weithin sichtbar au der Kette der Schlierseer Berge hervor. Von Brannenburg bei Degerndorf aus klettert eine elektrisc Zahnradbahn bis zur Ent tion bei den Wendelsteinhäusern in 1728 m Höhe empor. Unser Luftbild zeigt diese Berghotels un dem Gipfel und den Zick zackweg zum Gipfel, der ein Sonnen-Observatoriu trägt.

Left: The summit of the Wendelstein stands out fro the Schliersee chain with a height of 1838 m.

A gauche: Haut de 1838 m Mont Wendelstein se déta nettement de la chaîne des montagnes du Schliersee.

Das Sudelfeld bei Bayrischzell. Das Sudelfeld ist erst durch den Skisport richtig bekannt geworden: In einer Höhe von 1100 bis 1200 m gibt es hier das vielleicht herrlichste Skigelände der Bayerischen Alpen. Durch eine moderne Fahrstraße, ein Teilstück der Deutschen Alpenstraße, ist es von Bayrischzell aus erschlossen worden; diese wird in das Inntal weitergeführt.

The Sudelfeld near Bayrischzell lies between 1100 and 1200 metres above sea level and is one of the best skiing areas in the Bavarian Alps.

Sudelfeld près de Bayrischzell située à une altitude de 1100 à 1200 m est une des plus belles stations de ski des alpes bavaroises.

Oben: *Der Chiemsee* ist mit 80 qkm und 5 bis 15 km Durchmesser der größte bayerische See. Von seinen Inseln sind zwei besonders bekanntgeworden: die Herreninsel durch das nach dem Vorbild von Versailles unter Ludwig II. begonnene Schloß Herrenchiemsee und die Fraueninsel durch ein im 13. Jahrhundert begründetes Benediktinerinnenkloster mit einer romanisch-gotischen Kirche.

Above: The *Chiemsee*. Of its two main islands, the better known is the Herreninsel because of the Castle of Herrenchiemsee built on it by Ludwig II.

En 'haut: Le lac *Chiemsee*. De ses îles c'est la «Herreninsel» qui est la plus connue par le château de «Herrenchiemsee» qu'y fit construire le roi Louis II des Bavière.

Rechts: *Ramsau* an der schluchtenreichen Ramsauer Ache westlich von Berchtesgaden ist mit Klammen, kleinen Seen inmitten von Wäldern und Wiesen und Ausblicken auf die Kalkwände des Lattengebirges, der Reiteralpe und des Hochkalters ein Glanzpunkt im Berchtesgadener Land. Die kleine Pfarrkirche von 1512 ist im Sommer wie im Winter ein vielgefragtes Fotomotiv.

Right: The little parish of Ramsau, west of Berchtesgaden.

A droite: Le petit village de Ramsau à l'ouest de Berchtesgaden.

Oben: *Berchtesgaden*, einer der beliebtesten Erholungsorte in den Bayerischen Alpen, liegt in einer freundlichen Tallandschaft und ist von mächtigen Bergmassiven umgeben, von denen der Doppelgipfel des Watzmanns mit 2714 m der höchste ist.

Above: *Berchtesgaden,* one of the most popular convalescent resorts in the Bavarian Alps, is overlooked by the twin peaks of the Watzmann (2714m).

En 'haut: *Berchtesgaden,* station touristique des Alpes bavaroises très appréciée, est dominée par le double sommet du «Watzmann» (2.714 m).

Rechts: *Der Königssee* bei Berchtesgaden, 8 km lang und 1–2 km breit, liegt traumhaft schön, von nackten Felswänden eingeschlossen, zwischen dem Watzmann-Massiv im Westen, dem Jenner und dem Großen Teufelshorn im Osten sowie dem Steinernen Meer im Süden.

Right: The *Königssee* near Berchtesgaden, closed in like a fjord by the Watzmann massif to the west, the Jenner and the Grosse Teufelshorn to the east and the Steinerne Meer to the south.

A droite: Le lac *Königssee* près de Berchtesgaden ressemble à un fjord. Il est entouré à l'Ouest par le Massif du «Watzmann», à l'Est par le «Jenner» et le «Großes Teufelshorn» et au Sud par la «Steinernes Meer».